Journalism & Communication

Research on the Objectivity Thoughts and

Practice of Newspapers in Early Modern Times

近代早期报纸
客观性思想与实践研究

孙 健 著

上海交通大学出版社
SHANGHAI JIAO TONG UNIVERSITY PRESS

内容提要

本书以近代早期的报人与报刊为线索,主要关注客观性的形成、演变与实践,探寻客观性作为思想与实践的发展轨迹。我国近代早期报纸客观性思想与实践的发展,既有西方新闻理念的影响,又是特定历史时期早期报人报业实践的结果。在技术、职业化与政治交融的媒介环境下,早期的报纸客观性思想在当时的社会体系中呈现出了独特的发展趋势,与西方的客观性思想相比,无论在理论逻辑、历史逻辑与实践逻辑上都存在巨大的差异。

本书的读者对象为传播思想史和传播学理论相关领域研究人员。

图书在版编目(CIP)数据

近代早期报纸客观性思想与实践研究/孙健著. ——
上海:上海交通大学出版社,2021.11
ISBN 978-7-313-25688-1

Ⅰ.①近… Ⅱ.①孙… Ⅲ.①报业—研究—中国—近代 Ⅳ.①G219.295

中国版本图书馆 CIP 数据核字(2021)第 227976 号

近代早期报纸客观性思想与实践研究
JINDAI ZAOQI BAOZHI KEGUANXING SIXIANG YU SHIJIAN YANJIU

著　者:孙　健
出版发行:上海交通大学出版社　　　地　址:上海市番禺路 951 号
邮政编码:200030　　　　　　　　　电　话:021-64071208
印　制:江苏凤凰数码印务有限公司　经　销:全国新华书店
开　本:710mm×1000mm　1/16　　印　张:11.75
字　数:177 千字
版　次:2021 年 11 月第 1 版　　　　印　次:2021 年 11 月第 1 次印刷
书　号:ISBN 978-7-313-25688-1
定　价:58.00 元

序　言

在西方,客观性不仅是一种报道规则,还是一种职业理想。在中国民族报业发展的高潮时期,随着报业发展条件的完备以及报业实践的发展,客观性思想在早期的报人思想中以及报业实践中都有所体现。

笔者希望能够抓住"客观性"理念的变迁过程,将当时的报业融入社会体系之中,对客观性思想的早期发展进行研究。本书主要着眼于两点:

第一,对客观性在早期报业中的发展轨迹进行探寻,并对其在不同阶段所表现出的特点进行思考。之前的研究者对这一问题的系统关注很少。

第二,客观性思想具体到不同的报人、报刊,表现有所不同,却都是零散的、不系统的,甚至在表述上也未必用"客观性"的说法,本书对这些零散的、隐藏的思想进行了挖掘。

本书首先简要介绍了报业发展早期的传媒生态,对我国近代报业发展的早期条件进行了介绍。在宏观方面,主要条件有:政治上,封建制度解体,政治民主化初步发展;经济上,中国民族资本主义获得了短暂的繁荣;社会上,以家庭为核心的人际关系瓦解,人际关系开放化;文化上,新文化运动等,使人们思想得到解放。在微观方面,科技发展,印刷、交通、电报等技术兴起,新的媒介技术营造出新的制度环境;社会多变动,信息需求大。

在接下来的内容中,本书描述了早期报人思想中的客观性因素,对早期办报较为活跃且著名的报人梁启超、汪康年、黄远生等人的办报思想中的客观性因素进行了挖掘,并对这些客观性因素的特点进行了系统的归纳与梳理。随着早期的报业实践的发展,客观性逐渐为学界所关注,理论界对此进行了一些学理上的研究,使客观性无论在实践上还是理论上都达到了一个新的发展高度。与此同时,民营商业报刊诸如《申报》《大公报》的发展可以说是中国民营商业报刊事业发展的高潮,在实践中对于客观性诸多原则的践行也达到了一定的高度。然而,由于早期客观性思想本身存在的一些缺点和不足,同时局限于所处的特定历史时期,早期的客观性观念最终走向了终结。

总之,客观性作为一种报业准则,产生于特定的报业环境之中,并且在不同的报业环境下,客观性也会有着不同的特点。然而,由于新闻与政治的交合,以及报人自身价值观、知识结构等原因,客观性在很大程度上是作为一种职业理想而存在的。

这部"小书"是本人 2016 年主持的教育部人文社会科学研究青年基金项目"民国报刊的客观性观念研究"(项目批准号:16YJC860016,现已经结项)延伸的学术成果。在当时的研究中,笔者搜集了大量的文献,但出于篇幅和写作等各方面考虑,有些文献未使用或议题论述得不够充分,时常感觉略有遗憾;而随着近些年笔者新挖掘材料和研究的积累,脑海中对该问题的认识也越来越清晰。因此,出版这本书的想法也愈发强烈。感谢上海政法学院和上海交通大学出版社为本书出版提供的大力支持,让我的想法得以实现。

是为序。

孙健

目　　录

绪　　论

伴随着传媒新技术与报业实践的推进,在中国近代报业的发展中,早期的传播观念也在零散地形成。这一过程既受到近代西方各种思想传入过程中随之裹挟而入的办报观念的影响,又有早期中国报人报业实践的自然生发。对于这一问题,学界前辈有大量的相关著述,在对近代早期报纸客观性思想与实践的研究开始之前,有必要对前人的研究进行系统梳理。

一、研究缘起

1833 年,《东西洋考每月统记传》在广州创刊,是为在中国境内出版的第一份近代中文报刊。鸦片战争以后,来华的外国传教士、商人以及其他各界人士,在中国的各个通商口岸积极从事办报活动,创办了一批近代报刊。尽管这些人在华的办报活动是一种带有殖民主义性质的文化侵略活动,但它的出现客观上促进了中西文化交流,同时亦有助于中国民族报业的发展。外国传教士在华办报活动的展开,使西方新闻思想开始传入中国,国人办报活动开始兴起并迅速发展。维新派、改良派都在利用近代报刊宣传自己的政治主张,为自己的政治目标服务,不断掀起国人办报的高潮。辛亥革命推翻了中国的封建统治,中国的社会环境发生了巨大的变化,本来就已经初具规模的国人报刊在这一突变的环境下发展迅速,在民国初年甚至出现了短暂的繁荣。

在这一风云突变的时期,各种思想潮流、政治派别纷纷登上报坛,许多报刊随着动荡的时局昙花一现。但有一批报刊,相对独立于政治、流派,较少参与种种时局纷争,以商业性经营为主,以营利为主要目标,这批报刊就是正在兴起的民营商业性报刊。这些报刊为数不少,在 20 世纪 20 年代,很多都是实力雄厚的资本主义企业所创办的,其管理运营体系已经相当完备,到 30 年代前后达到了历史上的鼎盛时期。本书所关注的问题——报刊的客观性思想问题,伴随着中国民营商业报刊的发展,已经由早期的星星点点而形成了一定的气候。

二、概念梳理

沿用学术惯例,在正文开始前本书将所涉及的重要概念加以梳理,并将目前学术界普遍关注的问题加以铺叙,作为下一步研究的思想基础和方法基础。有些概念并不像字面上的意思那么简单,它在特殊的语境中有着特殊的含义。因此,我们需要对客观、客观性和客观主义进行区分。

(一)客观

客观和主观是哲学上的概念,是主客二分思维模式的产物。客观指人的意识以外的物质世界,或指认识的一切对象;主观指人的意识、精神。客观是不依赖于主观而独立存在的,主观能动地反映客观,并对客观事物的发展起促进或阻碍作用。辩证唯物主义认为主观和客观是对立的统一。

新闻传播学领域中所讲的客观,从直接性上讲,是指相对传播主体而言的客观,即存在于传播主体之外的一切事物对于传播主体都是客观的。因而,所谓新闻报道的客观性,就是指传播主体在报道自身之外的对象时,不能用自己的意识、意志、情感来改变对象的本来面目,即不改变对象自身的内容。[①]单波认为,客观性被赋予了两种意义:一是主观符合客观;二是平衡、全面的认识形式,排斥主观性来谈客观性是不够的,是不符合马克思

---

① 参见杨保军:《新闻活动论》,中国人民大学出版社,2006,第 292 - 296 页。

主义的实践原则的。①

（二）客观性②

客观性作为新闻业的一个准则，有一个起源的点。可是要确认这一源点，证明其来源，尤其在新闻从业者或新闻组织中找出这一个点实为不易。③ 我们有必要对客观性的发展过程进行系统的梳理。

据考，从 19 世纪 90 年代到 20 世纪初，在两份新闻的行业杂志 *Newspaperdom* 和 *The Journalist* 上，没有出现过"客观性"一词。④ 这至少能说明"客观性"在那时还不是新闻界的行业用语。⑤ 在 1923～1930 年美国报纸编辑人协会年会所发布的所有议程中，也没有见到"客观的"或"客观性"的说法。不仅如此，在 1924～1929 年的《新闻期刊》（*Journalism Bulletins*，后改名为《新闻学季刊》*Journalism Quarterly*）上，同样找不到"客观性"一词的踪迹。弗林特（Flint）1925 年出版的一本书《报纸的良心》（*The Conscience of a Newspaper*），里面收录了 19 家新闻机构的道德规范条例，所有的这些条例几乎是从第一次世界大战以来被采用的，同样也没有"客观性"的提法。⑥ 经斯切克弗斯（Streckfuss）查证，唯有在 1924 年出版的克劳弗德（Crawford）写的《新闻道德》（*The Ethics of Journalism*）一书中，才第一次给"客观报道"做界定。⑦ 种种考证可见，"客观性"被确立为一种实践或理想是 1920 年代之后的事这一判断，是有一定依据的。

然而，尽管如此，我们还是必须以 19 世纪 30 年代出现的便士报为起

---

① 单波：《重建新闻客观性原理》，《现代传播》，1999 年第 1 期。
② 以下对客观性概念的梳理主要参考黄旦：《传者图像：新闻专业主义的建构与消解》中的观点与思路。
③ Schudson. "The Objectivity norm in American Journalism". *Journalism*. August, 2001, Vol. 2(2), p150.
④ 黄旦：《传者图像：新闻专业主义的建构与消解》，复旦大学出版社，2005 年，第 70 页。
⑤ Streckfuss. "Objectivity in Journalism：A Search and a Reassessment". *Journalism Quarterly*, Winter, 1990，Vol. 67(4)，p973.
⑥ 黄旦：《传者图像：新闻专业主义的建构与消解》，复旦大学出版社，2005 年，第 70 页。
⑦ 黄旦：《传者图像：新闻专业主义的建构与消解》，复旦大学出版社，2005 年，第 70 页。

点来研究客观性,而不是从 20 年代开始。一般公认,19 世纪 30 年代那十年在许多方面都可圈可点,是美国新闻业革命的标志。这场革命使"新闻"战胜了社论,"事实"战胜了观点。这场变革伴随着政治民主化和市场经济范围的扩大而逐渐成形,不久之后,客观性便成了新闻工作者不得不遵守的法则。① 下面让我们来梳理一下"客观性"是怎样一步步走上实践与理论之路的:

黄旦在其《传者图像:新闻专业主义的建构与消解》一书中写道:在 1867 年出版的《哈尼创作指南》(*Haney's Guide to Authorship*)中,作者认为,新闻写作方法所应注意的远远不止不偏不倚,还要注意不应该有评论,不应站在党派立场,应该罗列事实但不能插入意见。应该公证、忠实报道新闻,把个人观点放到报纸的其他部分等。在 1872 年出版的《年轻编辑指南》(*Hints to Young Editors*)一书中,作者明确提出,所有的新闻要严格作为新闻来对待,即要和社论意见区分开,应该以毫无遮掩的公正来写每一条新闻,用最清晰、最简洁的方式来记录事实。19 世纪 80 年代的其他一些教科书,也分别从修辞、消息来源、事实与观点分开等方面强调了报道的一些基本原则。1890 年的一本教材中甚至明确地说,当精确描述时,事实就能自己说话。② 这种思想并非是美国的专利,据考,在 1702 年出版的伦敦《每日新闻》(*The Daily Courant*)的创刊号上,就提出了"秉持公正、中立原则,据实报道所得之资讯"的编辑方针。

1890 年休曼(Shuman)出版的《新闻学入门》(*Steps into Journalism*),被认为是第一本真正学院风格的新闻学著作。在这本书中,几乎所有的关于客观性的元素——倒金字塔结构、不党、不偏、据实、平衡都被深入讨论。休曼强调了权威消息来源和美联社写作标准的重要性,指出记者对任何事情的任何观点、任何政治的、信仰的和社会的偏见,尤其是个人情感,都应当避免,"新闻和社论分开"是"现代新闻业精神"的要求。据此,米兰多(Milando)

① 〔美〕迈克尔·舒德森:《发掘新闻——美国报业的社会史》,陈昌凤、常江译,北京大学出版社,2009 年,第 10 页。
② 黄旦:《传者图像:新闻专业主义的建构与消解》,复旦大学出版社,2005 年,第 73 页。

认为,虽然 19 世纪头十年的新闻教科书作者没有一个特别提到"客观性"这个词,但所使用的术语和解释,却没有一个与客观性无关……从 1867 到 1899 年的教科书的作者都坚持认为,客观性不仅仅是记者的一个理想,而且也是一个新闻实践的常规方式。但黄旦认为,这一观点是值得商榷的。

第一,关于实践和理想的问题。这在休曼的《新闻学入门》中可以找到佐证,休曼建议记者,即使没有目睹事件,没有当事人的直接陈述,运用想象力也可以创造出一幅幅画面。[①] 他认为,"如果创造性的写作只是用于无关紧要的细节,只要记者至少希望向读者呈现事实,(这种做法)是可以被原谅的"。在舒德森看来,客观性直到 19 世纪 90 年代仍是没有被确立为一种实践和理想,这是毋庸置疑的。

第二,这些教科书中的规则是与客观性直接相关的吗? 其实不然。便士报实践中所要求的将事实与意见分开,其用意还主要在于进一步规范便士报的行为,以便更加鲜明地体现出不同于党报的色彩——之所以不顾一切关注准确和真实,就是与党派政治行为唱对台戏。因此,我们考究客观性源头的时候,要对当时的报界生态有准确的把握。

实证主义的发展对于客观性发展脉络的影响又是一个不得不谈的问题。实证主义的发展同样影响到了新闻客观性。19 世纪 90 年代的记者在某种程度上视自己为科学家,比前人更大胆,更准确,更现实,致力于发掘工业社会的经济和政治真相。19 世纪 30 年代出现的便士报,就在原来不偏不倚的起点上有了新的拓展——开始发现并找到了自己职业的立足根基或者说道德戒律:报道事实,开启显露社会真相的窗口。然而,自第一次世界大战以后,民主市场社会的价值和内在逻辑遭到了人们的质疑,公共关系和战时宣传是两个令记者开始怀疑事实的主要因素。面对这种质疑,报界出现了两种变化:报界开始承认新闻报道具有主观性,署名新闻报道开始越来越常见,并逐渐制度化;第二就是专业化,主张"用一种对

---

① 〔美〕迈克尔·舒德森:《发掘新闻——美国报业的社会史》,陈昌凤、常江译,北京大学出版社,2009 年,第 69 页。

报道规则和程序的忠诚来取代对事实的简单迷信",这就是"客观性"。李普曼(Lippmann)曾指出:"由于我们越来越意识到脑子里所存在的主观意义,我们才对客观的方法产生了一种不能不有的热情。"①可见,发现或需要客观并非出于人类以为自己能够客观的天真想法,而是由于认识到他们自己不能客观。②

1980 年,博耶(Boyer)提出的(关于客观性的)观点被认为是首先"最能被大多数人采纳的见解"。他将访问所得的 50 家报纸编辑对客观性的看法归纳为六项:平衡与公正地呈现一个议题中各方面的看法;正确与真实的报道;呈现所有主要的相关要点;将事实与意见分开,但将意见视为相关;将记者本身态度、意见或涉入的影响降至最低;避免偏颇、怨恨以及迂回的言论。③ 这些规则与前述的教材中所规定的规则差异不大,但这些规则背后的理念已经发生了变化:不再是为了与党报划清界限而要求将事实与言论分开,而是基于这样一种信念,即相信人们能够而且应该把事实跟价值分开。"事实是关乎世界的,不受个人判断和好恶影响。而价值判断是个人有意识或无意识中对大千世界的好恶,是主观的,不能推及他人。客观的信念就是要忠于事实,不相信价值,将二者剥离开来"。④ 不仅如此,舒德森还认为,始于 20 世纪 20 年代的客观性的表述,是出于一种对读者的忠心,更是出于对他们自己作为一个职业共同体,而不是他们的发行人或发行人所喜欢的政治团体的忠心。⑤ 正是如此,记者们更加频繁和一致地重复新闻实践中的这些规则。也就是说,新闻客观性虽然体现在外在的操作规则上,但其本质上是一个职业团体对自己职业规范、职业理想的明确申明和维护。默顿(Merton)说:"它们之所以是必需的,不是因为他

① 〔美〕沃尔特·李普曼:《舆论学》,林珊译,华夏出版社,1989 年,第 270 页。
② Streckfuss. "Objectivity in Journalism: A Search and a Reassessment". *Journalism Quarterly*, Winter, 1990, Vol. 67(4), p974.
③ 彭家发:《新闻客观性原理》,三民书局,1994 年,第 40 页。
④ 〔美〕迈克尔·舒德森:《发掘新闻——美国报业的社会史》,陈昌凤、常江译,北京大学出版社,2009 年,第 3 页。
⑤ Schudson. "The Objectivity norm in American Journalism". *Journalism*, August, 2001, Vol. 2(2), p161.

们在方法上是有效的，还因为它们被认为是正确的和有益的。它们是技术上的规定，也是道德上的规定。"①

通过对客观性概念的梳理可以看出，人们习惯于从两个层面，即写作层面的"客观报道"和职业层面的"客观性规范"来理解新闻客观性。"前者是一种报道的呈现方式，后者是专业的理念、守则"，而这实际上是不可分离的，没有职业层面的"客观性"理念支撑，写作层面的"客观性"就成了一种空洞、肤浅的技巧。舒德森认为，新闻客观性的内涵至少包含互有联系的三个层次：道德理想、一套关于报道及编辑的规则、新闻写作样式。

概括一下，从报道事实到新闻客观性，其大致历程是：19世纪30年代产生的便士报开始追求不偏不倚、将事实与意见分开，以区别于党派报纸，从而初具职业理念；在19世纪后期，则相信事实就是真相，新闻记者俨然就是新闻界的科学家；到20世纪20年代，形成了事实与价值分开的专业理念和道德准则——客观性。②

（三）客观主义

在我国新闻传播学界，"客观主义"经常和"客观性"两个概念经常混用，这会扰乱我们的思维和认识。经作者对"客观主义"出现的场合进行分析和归纳，客观主义主要有两个层面的意思：

第一，客观主义就是客观性的另一个说法，两者没有什么区别。比如，李良荣在《中国报纸的理论与实践》中介绍客观报道时，就将美国的客观报道归结为三个阶段：朴素的客观主义阶段、受主观主义影响的客观报道阶段、科学的客观主义阶段。③

第二，客观主义带有一种批评和批判的意义在里面。随着中共新闻思想和理论的形成，新闻客观性和客观报道开始逐渐被排斥和摒弃，对客观性公开批判较早的表现为批判"客观主义"。"客观主义"这一概念在我国

---

① 〔英〕迈克尔·马尔凯：《科学与知识社会学》，林聚任等译，东方出版社，2001年，第31页。
② 黄旦：《传者图像：新闻专业主义的建构与消解》，复旦大学出版社，2005年，第81页。
③ 李良荣：《中国报纸的理论与实践》，复旦大学出版社，1992年，第80页。

存在过一个阶段。1948年10月10日某报登载了一条新闻:"联合起来战胜灾难!"报道了中国北方的自然灾难摧毁了当年农业收成的30%。三天以后,中央宣传部门批评这篇文章只反映了灾难阴暗面,而没表现人们怎样成功地组织起来恢复生产,指出,这条新闻表明"客观主义的趋势在我们的宣传报道中是不允许的"。结果,该报发表评论批评自己的"资产阶级客观主义思想"是无目的、空洞、表面化的。这表明,客观主义和客观性是两个截然不同的概念。

三、相关研究综述

关于客观性的研究众多,但多集中在业务方面,对客观性思想的研究不够深入,也不够集中,对于中国报刊的客观性思想研究就更少。为了看得更远些,还是要站在巨人的肩膀上才行。因此有必要对前人的研究成果进行梳理,前人的很多理论和成果都是本书的逻辑起点和依据。

(一)国外关于报刊客观性思想的研究

施拉姆(Schramm)在其《报刊的四种理论》(*Four Theories of the Press*)一书中对客观性理论的发展进行了研究,施拉姆认为"客观报道的理论"在美国可追溯到新闻采访合作协会的兴起。在美国新闻界中,客观报道的加速发展是报刊中政治党派性的衰落以及报纸由表达意见的刊物变为传布新闻的工具造成的。广告的增加和销路的扩大,有利于报纸处于客观的理想地位。报纸记者认为他们的工作需要一种超然的态度,他们是当代争论的旁观者而不是参加者。客观报道的理论成为美国新闻工作者职业上的骄傲。在报刊成为政党附庸的国家中,客观性的理想没有能够盛行起来。施拉姆指出,客观报道也在遭受严厉的批评,其理由是说它忽略了报道全部的真实情况,并且未能给予读者充分的根据来按照社会目标对新闻加以评价。[①]

---

① 〔美〕韦尔伯·斯拉姆等:《报刊的四种理论》,中国人民大学新闻系译,新华出版社,1980年,第59-66页。

赛佛林(Severin)与坦卡德(Tankard)的《传播理论——起源、方法与应用》(*Communication Theories：Origins，Methods，and Uses in the Mass Media*)一书也对客观性进行了研究。作者介绍了梅里尔(Merrill)对"《时代》杂志怎样形成对三位美国总统的偏见"的研究以及另外三位学者对这一研究的验证,指出《时代》杂志一直在使用梅里尔报道过的大部分偏见技巧,这些技巧包括:归属偏见、形容词偏见、副词偏见、直率偏见、上下文偏见、照片偏见。《时代》(*Time*)杂志通过使用这些技巧引导读者对新闻提出看法,这些技巧使得《时代》可以在一般的新闻专栏中发表编辑部的意见。[①]

舒德森在其著作《发掘新闻——美国报业的社会史》(*Discovering the News：A Social History of American Newspapers*)一书中,对客观性在美国的产生进行了研究。舒德森从 19 世纪 30 年代的美国便士报革命开始讲起,认为客观性起源于美国的便士报革命,这场革命使得新闻战胜了社论,事实战胜了观点。这场革命伴随着政治民主化和市场经济范围的扩大而逐渐成形,不久之后客观性便成了新闻工作者不得不遵守的法则。起初的客观性和我们现在理解的客观性有着很大的不同,19 世纪 90 年代的记者在某种程度上视自己为科学家,比前人更大胆、更准确地挖掘真相,客观性逐渐成为记者的职业理想。"一战"后,人们对民主市场社会丧失信心,同时由于公共关系和战时宣传的出现,"事实"在新闻中没落了,客观性的理念得以诞生,这时的客观性是人们意识到自己无法客观时而精心打造出的解决主观性的办法。客观性至今仍是新闻业的一个重要理想和实践原则。这是一项完全以客观性为对象的研究,将美国的报业融入了社会体系中,从政治、经济、社会结构、文化等方面对客观性的起源、发展、问题进行了探讨。[②]

---

① 沃纳・赛佛林、小詹姆斯・坦卡德:《传播理论——起源、方法与应用》,郭镇之、孟颖、赵丽芳等译,华夏出版社,2000 年,第 99 - 103 页。
② 〔美〕迈克尔・舒德森:《发掘新闻——美国报业的社会史》,陈昌凤、常江译,北京大学出版社,2009 年,第 10 - 41 页。

阿特休尔（Altschull）在其著作《权力的媒介》（*Agents of Power：The Media and Public Policy*）一书中，对客观性进行了剖析，他认为绝对的客观性不可能达到，只能引起永无休止的争论。客观性法则是一条虚假的法则，在资本主义世界中为维护其社会制度，为防止背离其意识形态的正统观念增添了力量。客观性法则绝对不是科学的东西，而是视偏见为神圣，反对社会突变。他指出，客观性法则允许异议，但是异议是有范围限定的，即统治阶层所规定的范围，统治阶层是正统观念的代表。新闻媒介是强权势力的一种工具，没有独立性可言。

哈克特（Hackett）与赵月枝在《维系民主？西方政治与新闻客观性》（*Sustaining Democracy?：Journalism and the Politics of Objectivity*）一书中，对北美传媒的历史与现状进行了深刻反思，从西方新闻体制、新闻哲学以及新闻与民主的关系的高度对客观性进行了探讨。作者认为，新闻客观性的起源与劳工报刊、通俗商业报纸的兴起紧密挂钩；客观性走过了一条从朴素现实主义的事实观到对主观性进行一定程度的吸纳的道路，从而直接或间接地造就了"解释性报道"等新的新闻报道形式，此后还有诸如"调查性新闻""精确新闻"等各种号称以及"比传统的新闻客观性更客观"的新闻报道形式轮番上阵。作者认为客观性自身带有典型的保守主义倾向；此外，新闻业再如何客观，也必然要臣服于商业主义、自由民主或其他什么东西，新闻业是不能选择不要原则的，它只能选择它的原则是否被公开承认。也就是说"纯粹的客观只能在形式上做到，不存在内在的纯客观"。①

此外，国外研究新闻传播伦理的学者们对客观性也予以了极大的关注。克劳弗德的《新闻伦理学》、弗特林的《报纸的良知》、吉本斯的《报纸伦理学：新闻工作者优良实践讨论》、亨宁的《新闻理论与实践》等著作都集中地对客观性进行了分析和研究。以弗特林的《报纸的良知》为例，作者将客观性等原则放在新闻事业中进行讨论，研究了新闻中的偏向与歪曲，指出报纸可以运用以下这些手段来歪曲新闻：事实选择、强调某一事实、

---

① 陈力丹：《深刻理解"新闻客观性"》，《新闻大学》，2006年第1期。

挑选字样、引用匿名消息来源的话。此外,还对报纸的公正与公平问题以及如何公平地对待反对派、如何对待竞争对手等问题进行了探讨。由于此类研究对于客观性的论述比较相似和集中,因此对上述列出的其他研究不做赘述。

新闻自由委员会也就客观性进行了探讨,委员会认为真实的、概括的新闻报道是不够的,必须报道事实的真相。认为报刊已经发展出来一种奇怪的客观性——由于半真实、不完全、不概括而产生出来的假客观性。报刊为了遵循客观报道的原则,反映了事物的各个方面,但是它在这样做的时候,既没有告诉读者各种消息来源的可靠性如何,也没有提供足以彻底了解这种情势的必要条件。委员会实际上是说,报刊应该寻求"全部真实",以代替两个"半真实"就构成"一个真实"的想法。①

(二) 国内关于报刊客观性思想的研究

1. 对客观性的历史及其演变的研究

金冠军、戴元光的《中国传播思想史》对中国的传播思想进行了系统研究,其中的"近代卷"与"现当代卷"中多处涉及了民国报刊的客观性思想。作者认为黄远生的新闻传播思想中包含着客观性的内容,指出黄远生主张报道要客观,评论要公正,要真实不说假话。② 此外,以《申报》为代表的民营商业报刊奉行"经济独立"与"言论中立"的大众化办报方针,主张报纸的言论方针要不偏不倚,持论公正,使得民间商业报刊发展迅速。《大公报》制定了"不党、不卖、不私、不盲"的方针,在这一方针的指导下,该报注重消息的准确性,敢于批评和客观公正,从而吸引了大量读者。③

黄旦在其《传者图像:新闻专业主义的建构与消解》一书中,以美国的报业为主要侧重,将西方的客观性作为新闻专业化的标志,并对其进行了

---

① 〔美〕新闻自由委员会:《一个自由而负责的新闻界》,展江、王征、王涛译,中国人民大学出版社,2004年,第12页。
② 徐培汀:《中国传播思想史》(近代卷),上海交通大学出版社,2005年,第393页。
③ 戴元光:《中国传播思想史》(现当代卷),上海交通大学出版社,2005年,第163-165页。

比较系统的研究。黄旦认为,在西方从 19 世纪 30 年代的便士报开始追求不偏不倚、事实与意见分开,以区别于党派报纸,从而初具职业理念;在 19 世纪后期,则相信事实就是真相,新闻记者俨然就是新闻界的科学家;到 20 世纪 20 年代,形成了事实与价值分开的专业理念和道德准则,即客观性。通过对西方客观性发展历程的梳理,黄旦赞同舒德森的观点,即新闻客观性是一个因应社会状况的发展历史,是 20 世纪二三十年代对民主市场危机的一种回应。黄旦对于各种对客观性的诘难进行了反驳,认为客观性以民主为最高价值,"民主"本身只能是"最不坏的制度",客观性也存在着相应的一系列问题,但如果要改变客观性,必然要给美国的整个政治制度框架和理念带来全面的冲击。

李良荣的《中国报纸的理论与实践》是较早研究客观性的著作。李良荣认为西方客观报道的产生主要是基于争取读者和避免因偏向得罪政治集团的目的。他将西方客观报道的发展分为三个阶段:朴素的客观主义阶段、受主观主义影响的客观报道阶段、科学的客观主义阶段。李良荣还对客观报道在中国的发展历程进行了研究,将这一历程分为三个阶段:在夹缝中萌芽的客观报道阶段、变了形的客观报道、客观报道的勃兴。李良荣还对西方客观报道的含义以及中国报界对客观报道的理解进行了研究。此外,除了对客观性理论进行研究之外,该书对于客观报道的操作要领与具体写作规范也有涉及。①

陆晔对美国新闻业客观性的历史脉络进行了梳理,她认为客观性在美国的发展可以分为四个阶段:19 世纪 30 年代以前"报道事实"的新闻标准在政党纷争中沦丧;19 世纪 30 年代到世纪末以"事实"为基础的客观报道原则——"客观性法则"的雏形初具;19 世纪末 20 世纪初到 20 世纪 40 年代对主观性的认识与作为职业理想的"客观性法则"的确立;20 世纪 40 年代之后处在批判文化思潮外部挑战与内部矛盾下的"客观性法则"。客观性在美国新闻业发展的历史过程中几经曲折,迄今为止仍然是美国新闻报

---

① 李良荣:《中国报纸的理论与实践》,复旦大学出版社,1992 年,第 80 - 81 页。

道的主流。但由于这一命题自身存在的主客观矛盾,加之对"客观"一词内涵的理解不同,争议在所难免。但无论怎样,"客观性法则"确是一种很高的职业理想,不管现实矛盾如何,它仍然是美国新闻业的一个"要努力达到的标准"。①

胡翼青指出新闻的客观性原则一直被看作是西方新闻学尤其是美国新闻学的支柱性思想。但客观性原则真正进入人们的观念已经是 20 世纪 20 年代以后的事。当意识到"一战"宣传、公关行业兴起以及媒体产业结构的垄断化使客观性成为一种幻象时,人们意识到坚持新闻客观性的必要性,新闻专业主义理论应运而生。但新闻专业主义和传统新闻学研究范式其实不能解决客观性以及社会生活和公共生活的危机,于是李普曼与杜威(Dewey)在关于美国民主问题的讨论中成功地创立了另一种新闻媒体研究的范式——大众传播研究,并确立了这一研究领域中人文主义和科学主义的二元对立框架。②

陈映认为新闻客观性是新闻学领域一个争议已久的核心概念。在总结前人研究成果的基础上,他将新闻客观性区分为四个层次:作为业务规范和叙事框架、作为策略仪式、作为专业信念、作为话语体制。在梳理和厘清历史演进脉络的同时,对新闻客观性在文化语境以及新闻市场、产制语境整体转向的新时期所面临的新挑战进行了探讨,并着重分析了"参与"法则和"透明"法则对"客观"法则的挑战。作者强调,对新闻客观性不能做泛历史、去语境以及结果论的解读与评价。新闻客观性作为一种方法,作为一种信念,其价值难以被轻易否定。③

李秀云将客观性思想称为客观主义思想,指出客观主义报道思想是指新闻工作者在新闻报道过程中不能有任何主观的立场、观点、价值判断与倾向性。客观主义报道思想起源于 19 世纪,"在美国和英国广泛地被赞为

---

① 陆晔:《美国新闻业"客观性法则"的历史演进》,《新闻大学》,1994 年第 1 期。
② 胡翼青、吴越:《新闻客观性的幻象与大众传播研究的源起》,《当代传播》,2010 年第 2 期。
③ 陈映:《新闻客观性:语境、进路与未来》,《中国传媒大学第三届全国新闻学与传播学博士生学术研讨会论文集》。

20 世纪前 25 年中对于新闻学的独特贡献"。[①] 19 世纪七八十年代,源于西方的客观主义报道思想开始传入中国,20 世纪二三十年代经过中国新闻学构建者的广泛推介而在中国流行开来。20 世纪 40 年代,由于无产阶级新闻理论的发展与冲击,其影响开始衰落。[②]

崔茜认为自改革开放以来,我国的新闻客观性理论开始出现复兴。中国的新闻工作者和新闻学者在本土客观报道实践的基础上,借鉴西方的新闻理论,使中国的新闻客观性有了新的内涵。他们以"政治家办报"的姿态、"用事实说话"的办报方法,践行着中国特色的新闻客观性理论。但我国的新闻客观性理论还存在一些问题,实践中对客观报道的具体操作方法还存在分歧,难以形成一股客观报道的潮流。[③]

2. 对客观性认识与理解的研究

马克思主义新闻学的研究者甘惜分先生认为,现代社会的媒介都属于一定的阶级,是阶级的代言人;记者在报道新闻机构发布的新闻的同时,也受到自己世界观的影响,可以说新闻报道是新闻记者的情感和主观活动。因此所谓的客观性是无法获得的。[④]

童兵在《比较新闻传播学》一书中对客观性进行了研究,认为客观性原则目前在美国等西方国家仍有不同的理解。在新闻学教科书中,客观报道是美国人自诩对新闻学的一大贡献,而在新闻机构里,对客观性原则是否可以付诸实践却争论不休。中国对这一概念的认识受到了西方的影响,资产阶级报业诞生后,对客观性持赞许态度,并将其作为自己的一个办报原则加以贯彻。无产阶级报界多数人对客观性也持赞成立场,特殊时期也斥之为"资产阶级观点"。同时,作者对于客观性在中国的一些特殊提法如"客观主义""有闻必录"等做了介绍。[⑤]

[①] 〔美〕韦尔伯·斯拉姆等:《报刊的四种理论》,中国人民大学新闻系译,新华出版社,1980 年,第 70 页。

[②] 李秀云:《客观主义报道思想在中国的兴衰》,《当代传播》,2007 年第 1 期。

[③] 崔茜:《我国新闻客观性复兴的研究与分析》,《当代传播》,2009 年第 5 期。

[④] 甘惜分:《新闻论争三十年》,新华出版社,1988 年,第 196 页。

[⑤] 童兵:《比较新闻传播学》,中国人民大学出版社,2002 年,第 93 - 94 页。

　　陈力丹认为"新闻客观性"是新闻理论重要的基础命题之一,作为新闻专业主义的理想或追求,始终是人们评判新闻工作的原则。它是宏观理论,也是微观实践,是职业精神,也是文化形式和操作程序。最近的一个半世纪,新闻报道在体裁、方式等各方面都发生了显著变化,新闻客观性的理念也不断受到各种各样的冲击,但西方的新闻专业标准——客观性、平衡性,在媒介组织中却始终是显而易见的。他还指出,就目前我国新闻业现状而言,客观性的形式不是太多,而是还不够。①

　　戴元光在《社会转型与传播理论创新》一书中对客观性的多种理解进行了论述,指出客观性作为一种哲学思潮,自成为新闻专业理念以来就不断受到挑战。在宣传成为现代新闻的重要特征的背景下,无论在西方还是在我国,政治都已经开始介入新闻传播之中。作者提出新闻报道的客观性应该有一些基本的原则:新闻作品应以所发生的事实为基础;新闻作品中所展现的内容,应将事实与判断区别处理;所提供的新闻事实应是可查证的;所提供的新闻事实应是较完整的。②

　　单波认为,客观性不仅仅根植于人的精神交往需要和人的社会性道德意识,还根植于人的理性精神和求真意识,理性精神和道德意识是互补的,这种互补性使得两者共同构成了客观性原则的基础。他还认为,客观性是主客二分思维模式的产物,客观性被赋予了两种意义:一是主观符合客观;二是平衡、全面的认识形式。排斥主观性来谈客观性是不够的,是不符合马克思主义的实践原则的。单波认为客观性之所以能存在,其价值在于通过扫除偏见而扩大人的精神交往的空间,通过公开的报道、公正的呈现而使人拥有民主、自由、平等的理想和探求真相的理性精神,维持主体间的社会性道德意识网。③

　　吕新雨认为新闻的客观性一直是新闻理论的至高追求,它从一开始,并且一直就是一个永远追求而不可抵达的彼岸;我们甚至在对这种至高追

---

① 陈力丹:《深刻理解"新闻客观性"》,《新闻大学》,2006年第1期。
② 戴元光:《社会转型与传播理论创新》,上海三联书店,2008年,第280页。
③ 单波:《重建新闻客观性原理》,《现代传播》,1999年第1期。

求的仰望中遗忘了脚下立足的土地。它逐渐成了我们的一种信仰的对象，而不再是用思想去探寻的对象。这就使得新闻理论在中国纷繁复杂的现实存在面前显得无能为力，丧失了解读现实的能力，并且长期困扰于"新闻无学"的尴尬境地。为了解决事实反映论和实践中的矛盾，理论界推出了"本质真实""宏观真实""整体真实"等概念，但是在对所有这些概念从理论上进行界定时都遇到麻烦，麻烦的关键在于它们都无法圆满地完成"客观性"的任务。新闻理论界从 20 世纪 80 年代以来最重大的观念改变便是从传播学中把"信息"的概念借过来使用，让新闻成为一种信息，信息成了保证新闻客观性的"护身符"。信息概念引入后，客观性的问题并没有得到解决，反而更加复杂。[①]

沈荟将客观性与新闻公信力放在一起进行考察，认为客观性是新闻可信度指标中所不可缺少的，它是增加读者或观众信任感的筹码，新闻客观性在读者或观众持"相信"还是"不相信"的决断中影响力位居首位。新闻公信力的众多概念元素脱胎于新闻客观性自身的职业准则要求。在新闻公信力的各种调查中，客观性报道是公众信任新闻媒体的最常用的标准之一。因此，新闻客观性的构成元素也被移植到新闻公信力的概念体系中，新闻公信力容纳了新闻客观性在长期实践中形成的操作技巧以及伦理规范。此外，沈荟还指出在商业竞争的实践背景下，哲学争论与技术更新不是人们怀疑新闻客观性"不可能提供社会真相"的唯一原因，而在于新闻媒体依附权势，追逐金钱的现实，新闻实践往往背离新闻理论。[②]

许燕从广义、中间、狭义三个层面对客观性进行了分析，将客观性界定为：美国新闻界 20 世纪初期确定下来的至今仍占主导地位的新闻报道理念，它建立在主客二元和平等主义的认识论前提之下，主张事实与价值分离，坚持真实准确、公正平衡等报道原则，并在实践中形成了一套特定的写作惯例。作为一种经历了一百多年实践的新闻工作原则，客观性已形成了

---

① 吕新雨：《以人的社会存在为背景的新闻与新闻事业》，新闻大学，1997 年（夏）。
② 沈荟、倪琳：《新闻公信力的几个关键词》，《上海大学学报》（社会科学版），2007 年 11 月。

这一相对一致的认识。①

侯迎忠将客观性作为新闻专业主义进程中的重要一步来分析,认为新闻专业主义的最突出特点就是对新闻的客观性信念,相信可以从非党派非团体的立场准确报道新闻事实。"客观性法则"理想的主体,必须是职业化的,具有相当知识背景的专业新闻从业人员,其方法则是在实践中为新闻界同仁和全社会所认同的,包括新闻素材分类、平衡与对等原则、第三者写作角度、中性词与引语的使用等在内的一整套科学步骤与程序。②

孔令华从理念、规范、方法三个层面对中西方客观性进行了比较。通过将中西方新闻客观性作为一种理念、规范与方法进行比较,作者认为中国的新闻客观性理论和西方是有很大不同的,在新闻实践中也没有形成一股股轰动一时的潮流,这些差异的原因,归根结底可以归为中西方新闻体制的不同。新闻体制是新闻事业的构成体系、管理制度和管理方法的总称,包括新闻事业的机构设置、隶属关系以及机构运行的原则方法等,不同的社会制度产生不同的新闻体制。③

3. 从技术层面探讨客观性的研究

崔吉本认为"新闻故事化"是记者在新闻采写中运用得越来越多的一种方式,这种方式的最大特点,就是增强了新闻报道的客观性与可读性,使新闻报道充满了趣味性和人情味。同时,记者在运用故事化手法写新闻时,要更加自觉地把握新闻的真实性原则,在追求审美效果的同时,丝毫不能忽视新闻报道的基本要求,故事性再强,也必须使作品是实实在在的新闻,而不是虚构的文学。④

但海剑认为在受众进入"读题时代"的今天,信息的指数增加与受众需求的细化都对新闻编采人员的标题制作提出了新要求,同时也必然在拟订

① 许燕:《新闻报道的客观性的基本涵义辨析》,《新闻大学》,2007 年第 4 期。
② 侯迎忠、赵志明:《西方新闻专业主义初探》,《当代传播》,2003 年第 4 期。
③ 孔令华:《理念・规范・方法——中西方新闻客观性差异之比较》,《新闻知识》,2003 年第 10 期。
④ 崔吉本:《故事化:增强新闻客观性与可读性的方法》,《青年记者》,2007 年 9 月下。

标题的过程中对力求客观提出更大的挑战。在新闻标题的制作中,应该以超脱情感,以中立观点表达事实,避免对事件的好坏进行主观价值判断,力求给公众提供全面的信息。总之,要坚持客观性原则,在新闻编写的过程中值得注意,在提炼标题时更需字斟句酌,慎之又慎。①

叶平以民生新闻为研究对象,认为一段时间来新闻的客观性原则在不知不觉中被边缘化,大量的新闻报道中主观意味"超标"。记者对自身职责定位的模糊不清,由"记录传播者"变成了"当事人甚至是执法者"的角色。一旦由记录者变成了当事人,往往会与当事人站在同一立场,新闻报道的客观性必然受到影响和质疑。树立客观意识,首先要坚持正确的舆论导向,坚持社会效益第一的方针;其次要有端正严谨的工作作风,加强责任心的教育和培养;第三要加强知识的积累,增强客观分析事物的能力,减少主观上的倾向性。②

翟慎良依托叙事学理论,对新闻客观性进行了探讨,从叙述视角、叙述声音两个方面,论述了新闻报道所体现的客观性差异。在叙述视角方面,从聚焦方式上来讲,最适用于新闻报道也最有可能实现新闻客观性的,是内聚焦方式。任何一种视角都有可信度的问题,只要视角不是唯一的,可信度低的甚至没有可信度的视角并不影响新闻的客观性。无论一种视角的可信度多么低,增加这种视角比忽略这种视角更能增加新闻报道的客观性;在叙述声音方面,从叙述声音的强弱上讲,直接引语中的叙述者的主观介入更少,更具客观性。描写、概述、议论都属于公开的叙述声音。从新闻的客观性来讲,描写与概述可以是客观的写作方法,其中体现的叙述者的声音非常微弱。评论,是叙述者最公开的声音,也是最容易危害新闻客观性的话语行为。③

胡范铸认为任何一个言语行为都是一个用符号表达说话者的知识,并让听话者接受的过程。言语行为要实现自己的意图都要遵循一定的规则,

---

① 但海剑:《新闻标题制作中的客观性原则》,《新闻前哨》,2007 年第 4 期。
② 叶平:《新闻采访中如何让把握客观性》,《新闻世界》,2010 年第 8 期。
③ 翟慎良:《新闻客观性,一种叙事技巧的呈现》,《传媒观察》,2009 年第 9 期。

这些规则有构成性的也有策略性的。"内容客观"是新闻言语行为最重要的构成性规则。而新闻言语行为的客观性并不仅仅是不编造假新闻的问题，其中包括知识传达、符号可能和接受心理三方面："知识传达"意味着是否"说的是客观的，不说不客观的，客观的重要事实就一定要说"；"符号可能"意味着世界的动态性、无限性、完整性与语言的静态性、有限性、抽象性的矛盾；"接受心理"意味着在听话者的认知心理中存在着权威即客观、亲近即客观、常规即客观、重复即客观、一致即客观、细节即客观、数据即客观、画面即客观、说法而客观、直引即客观、干脆即客观、及时即客观的问题。①

姜芳以法制新闻为例，指出记者在法制新闻写作中要坚持客观性原则。对于法制报道来说，这种客观性原则的意义重大。法制新闻写作中坚持客观性的原则，既有利于客观准确地报道发生的事实，而且也不会对事件当事人造成损害，坚持这一原则，也就是坚持新闻真实性的要求，因为只有客观，才能达到真实的目的，从事法制新闻的记者必须认识到这一点。②

4. 对客观性的诘难与反思的研究

赵月枝以西方媒体对中国西藏的批评性报道为起点，对西方新闻客观性进行了反思。她指出在西方主流意识形态和议会政治框架内，客观性是存在的，但超越国家利益、意识形态的客观性是没有的，在对内和对外报道中，西方主流媒体对客观性的运用也有双重标准。新闻客观性的理念和操作方法是在一个由专业化的新闻机构组成的制度框架内孕育的。在这个框架体系内，新闻工作者是有特定技能、信奉伦理道德的专业人士，享有新闻自由。不过客观性对西方记者来说也是一把"双刃剑"，为了维护客观报道的表象，记者不得不压制自己的主体性。作者还指出 20 世纪 80 年代新自由主义意识形态占主导地位以来，美国主流媒体在报道中存在连最基本的表面客观性也不顾的新发展趋势。到了 21 世纪初，美国主流新闻的客

---

① 胡范铸：《新闻语言客观性问题的言语行为分析》，《华东师范大学学报》（哲学社会科学版），2007 年 3 月。

② 姜芳：《浅谈法制新闻写作的客观性原则》，《黑龙江省社会主义学院学报》，2002 年 12 月。

观独立原则受到前所未有的挑战。在对西藏的新闻报道中,西方媒体的倾向性和客观性的相对性和虚伪性暴露无遗。然而,复杂多面的新闻客观性依旧是西方新闻中的"不死之神"。①

吴飞认为新闻的客观性,虽然是新闻业的重要信条,但长期以来受到理论与实践的双重挑战,解释性报道、新新闻主义、调查性报道等新的报道观的出现都是基于对纯客观报道的失望并试图对相关理念进行修正。学界对新闻报道的客观性问题也进行了反思,一些人认为客观报道充其量只能是一种职业理想,因为客观性是既难以衡量又难以达到的。很多研究者持"客观性是一个迷思"的观点。尽管客观报道原则和客观报道方法并不具有普遍的有效性和广泛的适应性,但对于新闻工作者来说,舍此似别无良法。批评客观性,并非要抛弃讲述事实的新闻传统,而是通过对这一概念的反思和批判,理解其复杂性。客观性仍将是新闻业最主要的一项专业准则。②

邵志择指出西方新闻界所奉行的客观性原则表现在态度和方法上,在实践这个原则时并不全是有意的虚伪,虚伪是由态度和方法本身的矛盾所致。态度的个体要求与传统文化的内在规定、科学方法的客观性要求与它适用于社会领域的困难,这两对矛盾决定了客观性原则只能以貌似客观的面目出现,实际上却体现了一种传统对另一种传统的偏见以及科学方法的单面肯定性,即肯定现存的制度,因此客观性原则某种程度上成了维护资本主义民主传统的有力武器。③

高金萍认为随着全球经济一体化的实现,市场自由主义成为全球经济体制的主导性力量,在市场机制中的新闻传媒以服务社会、牟取商业利益为经营目标。新闻媒体以提供"信息自助餐"的形式来履行维护新闻客观性的责任,这种模式使媒体在维护社会民主化过程中渐行渐远,客观性原

---

① 赵月枝:《为什么今天我们对西方新闻客观性失望?》,《新闻大学》,2008 年第 2 期。

② 吴飞:《迷思与坚守——反思新闻客观性》,《杭州师范大学学报》(社会科学版),2008 年第 5 期。

③ 邵志择:《新闻客观性原则:态度和方法的悖谬》,《新闻与传播研究》,1997 年第 1 期。

则被严重削弱。新闻媒体的商业化运作,并不会危及新闻的客观性,但媒体市场的高度垄断影响了新闻舆论的自由化,妨碍了新闻来源的多样化,媒体成为资本力量的"代言人",公众的新闻自由成为泡影。新闻自由遭到破坏,媒体自然无法履行反映社会真相的责任,客观公正的新闻报道掉进了现实的陷阱。因此,新闻媒体只有实现了经济上自给、政治上独立,才有望坚持客观性的传统,构建客观性原则发展的未来。①

王彦林在探究了客观性原则产生的历史起缘之后分析了其存在的现实悖论,指出新闻客观性的提出至实践全过程,并不是一帆风顺的,而是充满着矛盾和冲突。不少学者认为新闻客观性的产生是一种知其不可为而为之的理想追求,实践上的客观性难以实现。受现实的影响,客观性逐渐演变成新闻职业中一种自我形象的塑造和理解的事实,从而使初始形成的条件消失殆尽,使其存在的价值大打折扣。新闻客观性本来所蕴含的政治、经济、文化及新闻专业的理念等丰富内涵也因此而慢慢褪去,呈现在从业者面前的仅是为新闻客观性理念所认同的事实描述和展现的具体形式和外壳。②

龚新琼认为在客观性神话生成的逻辑中,媒体和从业者的选择是自内而外的内生型动力,权力话语的寻租是由外向内的隐蔽型支撑力,技术逻辑是稳定型催化剂,公众期待则是由下及上的伴生力。而民主幻象的破灭、媒体多样化的尝试以及传播新技术所蕴含的颠覆性力量等则对客观性构成挑战。③

胡忠青指出新闻的客观性随着新闻在市场化过程中的"不客观性"表现得愈发突出,越来越得到包括新闻专业人员在内的几乎所有社会群体的异口同声地呼吁和质疑。客观性是为解决新闻的主观性而提出的;客观性模糊了媒介的政治立场;客观性遮蔽了媒介的商业目的;客观性是媒介推行文化沙文主义的宣言书。新闻的客观性是媒介的"神话",是媒介缔造的

---

① 高金萍:《西方新闻客观性的陷阱与未来》,《新闻记者》,2007年第11期。
② 王彦林、刘硕:《探析新闻客观性的历史情境与现实悖论》,《东南传播》,2010年第5期。
③ 龚新琼:《论客观性的生成逻辑与危机》,《当代传播》,2009年第6期。

"新闻乌托邦"。①

　　5. 以具体案例为视角的客观性研究

　　戴元光在《SARS 报道与新闻客观性》一文中以 SARS 期间的新闻报道为研究对象,对客观性进行了研究。作者认为新闻客观性和宣传性的统一是一个互融互动的过程,当两者都需要满足的时候,应互为前提,彼此兼顾。在客观反映现实的过程中,如果部分客观事实暂不适宜报道,应按照宣传性的要求,服从大局,但宣传中所报道的事实一定要真实客观,如果为了宣传而制造假象甚至伪造事实,就大大违背了客观性原则。②

　　陈力丹在《"武汉女司机被打"——新闻的客观性分析》一文中,通过对"武汉女司机被打"这则电视新闻的研究指出,不论传媒的形态如何,传媒发布的新闻有一种共同的质量标准,即报道必须是客观的、公正的、真实的、全面的。传媒和记者、编辑的基本职责,就是客观地报告事实。有意识地、有预谋地介入事实逻辑的编排,是违背新闻职业规范的行为。客观性不仅是一种报道技巧,也是一种工作理念。新闻人在报道一件事实的时候,应习惯性地秉持这样的理念:要向公众客观地、不带偏见地报告事实,而且相信能够把事实和关于事实的价值分开。③

　　郝雨以美国两大媒体对哥本哈根气候大会报道为例,对国际争议事件报道与客观性原则进行了分析。作者选择了《纽约时报》(*The New York Times*)和《华尔街日报》(*The Wall Street Journal*)两大美国主流媒体,以报道是否均衡、报道是否深入、报道是否同等、事实与价值是否分开为具体角度进行分析,认为在报道国际新闻时,尤其是在这次哥本哈根气候大会的报道中,美国两大主流媒体基本上坚守了新闻客观性基本原则。新闻人和媒体,恪守了新闻最根本的职业规范,其全部报道基本体现了新闻客观性的理念。④

① 胡忠青:《客观性:商业语境下的"新闻乌托邦"》,《新闻知识》,2007 年第 7 期。
② 戴元光:《社会转型与传播理论创新》,上海三联书店,2008 年,第 293 - 297 页。
③ 陈力丹、黄宏:《"武汉女司机被打"——新闻的客观性分析》,《新闻记者》,2008 年第 11 期。
④ 郝雨、郝艳辉:《国际争议事件报道与新闻客观性原则》,《新闻记者》,2010 年第 7 期。

欧阳薇以藏独活动报道为例,对西方媒体的客观性进行了研究,指出西方媒体对中国西藏问题的歪曲报道颠覆和亵渎了以普利策奖为代表的西方新闻价值观,有悖于最基本的新闻客观性原则。作者认为西方媒体新闻报道失实的原因,大致有两点:一是西方媒体对中国的"刻板成见"造成了报道对新闻事件的片面解读;二是西方新闻媒体职业道德缺失,缺乏社会责任感。①

另外,丁陆爱也就西藏暴力事件对西方的客观性进行了考察,指出部分西方媒体采用了违背新闻客观公正和新闻专业主义精神的报道伎俩,严重歪曲了事实真相,丑化了中国政府形象。有"不死之神"之称的西方媒体在意识形态等各种因素的影响下,同样会歪曲事实,违背新闻的客观性,最终达到自己的报道目的。②

李惊雷以国外媒体对我国"非典"的报道为例,指出尽管早在 20 世纪初客观性原则已被作为西方新闻理论中的一个重要原则。但在具体实践中,西方媒体却难以遵循这一准则。通过对西方某些媒体对我国"非典"报道的分析,我们看到西方媒体运用貌似客观的手法来进行报道,借以影响受众的思想,进而达到引导舆论、控制舆论的企图。西方媒体的"病毒"比"非典"病毒更为可怕。③

（三）现有研究之不足

第一,分析视角和研究内容比较单一。讨论问题主要集中于客观性在西方的形成历史以及对客观性原则的诘难上,对于客观性在中国的发展脉络及现实状况关照不够,或者是仅仅将其等同于从西方传入的一般的新闻传播理论这一角度泛泛而谈。

---

① 欧阳薇:《新闻的客观性原则与西方媒体对近期藏独活动的不实报道》,《新闻知识》,2008 年第7 期。
② 丁陆爱:《从西藏暴力事件透视西方媒体报道的"客观性"》,《齐齐哈尔大学学报》(哲学社会科学版),2009 年 7 月。
③ 李惊雷:《西方媒体"病毒"伤害新闻报道的客观性原则》,《新闻战线》,2003 年第 10 期。

第二,现象描述居多,讨论有待深入。现有文献通常是对客观性思想的发展脉络等予以描述,很少能够透过现象挖掘背后的深层原因。大多对我国客观性的研究仅仅是对客观性在我国的发展进行简单的分期,或对不同时期客观性的表现进行介绍,未能结合当时的政治、经济、社会结构、文化等原因进行综合分析,所呈现的客观性的历史是线状或面状,不够丰满、立体,这往往会使对客观性的研究与历史原貌差距较大。

四、研究方法与主要观点

(一) 研究方法

1. 史实分析与理论思辨相结合的方法

笔者查阅了大量的关于客观性的文献,借鉴了国内外相关资料和研究成果,希望本研究能够在前人研究的基础上思考问题。在对国内外的史实进行分析的基础上,对早期的传媒生态和社会背景进行综合考察,解析可能影响客观性发展的政治、经济、社会、文化等因素,从而对客观性思想的发展进行较为系统的理论分析。

2. 比较研究方法

比较不仅可以了解客观性的发展变迁,而且可以更好地把握客观性的实质。

第一,纵向比较。以时间为纬度,将客观性放在历史的发展进程当中,探讨不同时期的客观性的演变。

第二,横向比较。与同一时期的国外客观性的发展状况进行比较,同时与同一时期的国内外政治、经济、社会等环境进行比较,以期找出影响客观性发展的主要因素。

3. 案例研究方法

本研究也将选取具有典型性的报纸作为案例,通过对其客观性思想发展历史的解析来呈现出客观性思想发展的具体画面,以期弥补单纯理论分析的不足。

（二）主要观点

第一，早期的传媒生态状况成就了客观性思想的发展。其一，辛亥革命结束了封建统治，政治民主化得到了初步发展；其二，帝国主义忙于"一战"，无暇顾及中国，民国初年中国的民族资本主义短暂繁荣，报业发展迅速；其三，社会结构变动，以家庭为核心的人际关系瓦解，人际关系逐渐开放化；在文化上，新文化运动等的兴起，人们思想得到启蒙，有利于报业发展。总之，早期的政治经济等社会环境有利于报业发展，客观性理念得以产生。

第二，报刊客观性思想产生于西方并传入中国，但是中国的客观性理念并非完全来源于西方，而是有着自己的现实土壤，即使西方的客观性理念不传入中国，也无法阻止中国报业客观性思想的产生，而且在一定程度上可以说在西方客观性理念传入以前，中国已经有了客观性思想的萌芽，但这么说也并不是否认西方近代报刊的传入对我国报刊客观性思想的影响。

第三，客观性思想与政党报刊的关系并不是用简单的不相容可以概括的。早期西方的政论报刊盛行以致客观性思想遭到束缚，而一定程度上又是这种束缚最终使得客观性破茧而出。在中国亦是如此，早期的政党报刊压抑着客观性的产生，随后的政党报刊理论、国民党的新闻统制都影响着客观性思想的发展，使其最终走向了终结。然而，在历史的某一阶段，客观性又与这些政党报刊有着千丝万缕的联系，共生共存。总之，客观性思想的发展与政党报刊的关系是十分复杂的，需要从多角度进行考察。

第四，通过对客观性思想发展过程的研究，我们应该历史地看待它。客观性思想的产生、发展、衰落都是与特定的历史与社会状况相适应的，不以我们的主观意愿为转移，它的发生与发展过程也具有一定的"客观性"。此外，客观性的内涵是不断丰富的，就像其在西方的发展历程，从早期的作为与政党报刊相区分的标志，到随后的对事实的信奉，以致最终发展为一种职业理想、报道原则与写作样式的结合体。在中国亦是如此，不同的发展阶段客观性思想有着不同的内涵,随着人们实践的发展和理论的丰富,客观性也将不断被注入新的内涵。此外,通过对客观性思想发展过程的研究,我们也应该对客观性思想理性辩证地看待。客观性思想作为一种客观事物,本身不具备意识形态的特性,而在于利用它的主体。客观性在一定时期曾被作为斗争的武器,也曾被作为资产阶级的价值观予以批判。

五、创新与可进一步研究的问题

(一) 创新点

第一,比较系统地对早期的客观性思想进行研究,并以客观性为主线,抓住客观性理念的变迁过程,将当时的报业融入社会体系之中,从而以一种独特的思路对早期的报业进行考察。

第二,多角度地对客观性思想的变迁进行研究,既从国内的政治、经济、社会、文化等角度对客观性思想进行研究,又兼顾西方客观性思想的影响,改变原来诸多研究中单纯地认为客观性思想完全是由西方传入的看法。

第三,尝试理论思辨和案例相结合的研究方法,既从宏观角度分析客观性思想的发展变迁,又注重从微观的视角来分析与研究。

(二) 可进一步研究的问题

由于笔者学术功底浅薄,所研究的问题只是沧海一粟,难免存在错漏,也可能肤浅,可进一步研究的问题尚多:

第一,早期报人思想中的客观性因素较为零散,并不系统,甚至可以说是朴素的。本书尝试对此进行系统化或者说标签化的描述,然而其中一些较为朴素的思想或者观念产生于本土的新闻实践,与西方的客观性观念的源起不同,存在差异,在这一方面本书没有做进一步深入的比较。

第二,除了报刊以外,广播和通讯社等其他媒体在早期也有一定程度的发展,这些媒体的发展对于客观性的变迁有着怎样的影响,由于各种主观和客观的原因,本书论述较少,但也是值得继续研究和补充的。

第一章

报业发展早期的传媒生态

　　清朝晚期以来,政治、经济、技术以及社会观念等诸方面的巨大变动,使中国社会的发展呈现出了近代化的趋势。社会大变动带来的社会信息需求量剧增,人们对社会发展的认知处于不确定性之中,亟须通过各种各样的信息渠道来了解与适应这种社会大变局。这一趋势为近代传媒的发展提供了独特的环境与发展条件。

第一节　报业发展的外在条件

一、宏观条件

(一)政治条件

1. 封建王朝的衰亡

　　清朝后期社会经济发展缓慢,经济结构依然以自然经济为主,生产力水平低下,社会停滞不前。作为中国最后一个封建王朝,腐朽制度的巨大惯性无处不在地影响着中国的社会进步。封建落后的生产关系束缚着经济的发展,政治腐败不堪,军备废弛,社会矛盾激化,动荡不安。同时清政府长期奉行闭关政策,妨碍了中国学习世界先进思想文化和科学技术,助长了统治者守旧、安于现状的恶习,封建王朝的统治危机日甚一日。而与此同时,西方国家先后开始了工业革命,资本主义得到了迅速发展,急需打开中国市场的大门。从 1840 年开始,中国先后经历了两次鸦片战争、中法战争、中日战争、八国联军入侵,西方列强掀起了对中国的瓜分狂潮。

西方资本主义的侵略,直接冲击了中国的传统政治结构,经过一系列的战争、签订的一系列不平等的条约,列强的特权冲击了皇权的权威体系,打破了中国当时的固有权力结构。对于这种突如其来的变化,清朝的统治者也在阵痛中开始做出一系列的回应,并且随着资本主义冲击强度的增大,这种回应也在走向深入。在政治上,为了处理对外事务,清政府专门设立了总理各国事务衙门;同时由于在与西方国家交往中感到"中国之虚实,外国无不洞悉;外国之情伪,中国一概茫然"①,清政府开始派出使团出访欧美各国,并且开始建立驻外使馆。至庚子国难之时,西方国家对中国的侵略达到高潮,清政府被迫宣布实行新政和预备立宪:调整和增设中央与地方机构,厘定官制;进行法制改革,修订法律;地方自治。在经济上,清政府首先开始了洋务运动,中国出现了一些军用和民用的工业,资本主义有了一定发展。在新政和预备立宪期间,清政府"奖励实业",振兴工商业,进一步促进了资本主义的发展。

随着资本主义的发展,资产阶级逐渐成熟并成为新兴的社会力量。立宪派要求实行立宪,削去君主大权,只留君主之名;革命派要求驱逐鞑虏,创立民国,推翻清王朝的统治。最终辛亥革命爆发,推翻了清朝的统治,结束了中国长达两千多年的封建君主专制制度,建立了民主共和国。毫无疑问,辛亥革命是一场伟大的社会变革,它以疾风骤雨的方式摧毁了旧政权,建立了新制度,促使中国社会转型在政治结构的转换方面迈出了关键的一步,标志着封建君主时代的结束和民主共和时代的来临。②

2. 政治民主化的发展

南京临时政府成立以后,正式颁布了《中华民国临时约法》,在其总纲

---

① 《筹办夷务始末》(同治朝),卷五一,第 27 页。
② 朱英:《辛亥革命与近代中国社会变迁》,华中师范大学出版社,2001 年,第 31 页。

中规定："中华民国由中华人民组织；中华民国之主权属于国民全体"，从根本上否定了君主专制的封建制度，确认了"主权在民"的政治原则。此外还规定了中华民国人民一律平等，无种族、阶级、宗教的区别；人民享有人身、居住、财产、言论、出版、集会、结社、通信、信仰等自由。虽然南京临时政府统治的时间非常短暂，但是民主共和自此成为一种政治传统，影响着国家的政治格局和人们的思想观念，树立了一种新的权威和价值。

辛亥革命以后，随着人们政治地位和社会地位的提高，人们开始对政治产生浓厚的兴趣。人们对于已经获得的言论、出版、结社、集会等自由视若珍宝，竭力维护。民国初年，政党活动频繁，出现了"各处会所如林，党员如鲫"①的现象，"士大夫对于集会大有长江大河一泻千里之势"②"乡曲措大，市井鄙夫，或则滥竽工会，或则侧身政党"③"甚至电车卖票者，学校看门人，亦复自附于社团之列"④。

总之，辛亥革命推翻了清王朝，结束了封建帝制，建立了中华民国。以孙中山为首的革命派主张资产阶级的民权、自由、平等，并在《中华民国临时约法》中，对人民权利和自由、平等做了一些规定，使之条文化和法典化。这在中国政治史上具有划时代的意义。尽管资产阶级民主政权为时很短，如昙花一现，但是这一历史剧变为报业的发展提供了极佳的历史良机，使得近代报刊这一新事物在民国初年发展迅速，新闻事业一度出现了短暂的繁荣。

（二）经济条件

1. 民族资本主义的发展

随着西方资本主义的入侵，中国传统的自然经济也受到了冲击。外国工业时代的商品涌入国内，小农经济开始瓦解，部分农产品开始走入商品

---

① 《清谈》，《申报》1912年3月13日。
② 《集会》，《申报》1912年2月26日。
③ 《时报》，1912年3月28日，时评三。
④ 《时报》，1912年9月12日，时评三。

化的进程。同时,由于封建统治者看到了资本主义机器大工业的巨大冲击力,开始学习西方,发展洋务运动,中国出现了一批资本主义的工商业,同时带动了一些商人、官吏投资近代企业。据统计,在 1894 年,中国大约有 216 家机器矿厂和小轮船公司,其中官办企业 19 家,资本 5 000 余万两;官办或官商督办、官商合办的民用企业 27 家,资本 2 964 万两;私人企业 170 家,资本 879 万两;总共大约有 9 万至 10 万名工人。[①] 随后,在清政府的新政中,进一步振兴商务,奖励实业,使得资本主义进一步发展。

辛亥革命以后清政府被推翻,南京临时政府强调:"实业为民国将来生存命脉。今虽兵战未息,不得不切实经营,已成者竭力保存,未成者宜先事筹划。"[②]随后,为发展实业,民国政府在北京召开临时工商会议,颁布奖励实业的《公司条例》《商人条例》等,社会上掀起了创办实业的热潮。据统计,辛亥革命前,每年注册的工厂仅一二十家,而在革命后,1913~1915 年间,平均每年注册工厂 41.3 家,1916~1919 年则更多,平均每年多达124.6 家。[③] 在"一战"期间,欧洲列强对中国市场无暇顾及,中国的民族资本主义经济更是迎来了发展的黄金时期。

2. 民族资本主义的影响

经济的基础性地位决定了民族资本主义的发展必然会对政治、社会结构和文化产生重大的影响。在政治上,民族资本主义的发展,使民族资产阶级不断壮大,亟须在政治上寻求更高的地位,推动了清末资产阶级改良和革命运动,并最终爆发了辛亥革命,完成了政治革命。在社会结构上,中国传统的势力集团如地主、官僚、士绅等都是以自然经济和简单的商品经济为立足基础的。由于民族资本主义发展,固有经济基础逐渐瓦解,这些传统的势力集团必然受到很大的冲击,地位开始衰落。

此外,经济发展中心的转变对于人口流动、生活方式重构和文化思想的传播都产生着巨大的影响。民族资本主义发展,促使生产人口逐渐涌向

---

① 许涤新、吴承明:《中国资本主义发展史》第 2 卷,人民出版社,1991 年,第 340、379、452 页。
② 《临时政府公报》,第 8 号。
③ 陈真、姚洛:《中国近代工业史资料》第 1 辑,生活・读书・新知三联书店,1957 年,第 14 页。

城市,工商业城市膨胀;同时,人们对于信息和新知识更加渴求,产生了打破农业社会闭塞状态,加强沟通的需要。从中国近代报刊发展的历史我们可以看出,经济地位的重要程度将会直接影响报业的发展。以上海为例,鸦片战争后上海等五个城市开始开放,由于上海地理位置最为优越,又有广阔的长江流域腹地,逐渐成为全国贸易的集散地,上海逐渐取代香港成为全国的贸易中心。随着上海地位的上升,上海的报业也开始崛起并发展为全国报业中心。

(三)社会条件

1. 家庭的"瘦化"

传统的中国社会中盛行大家庭制,几世同堂的情况在中国十分普遍,并被认为是人丁兴旺、家族势力强盛的表现。然而,随着"西方的社会观念之入侵,原有的农村经济结构的解体,以及大小规模战争的震荡,促使中国家庭瘦化"。[1] 在传统大家庭中,需要解决的首先是经济问题,然而由于西方资本主义的入侵,农村经济逐渐瓦解,大家庭在经济方面极易走入困境,这从根本上造成了大家庭的瓦解。"家庭在经济方面所能提供的照顾力逐渐减弱,家庭成员单独出外谋生的频率增加。家庭成员单独出外谋生的频率增加,意即家庭细胞分裂的倾向增加"。[2] 此外,清末民初战乱不断,大家庭很难一直坚持在固定的居住地,被迫搬迁也同样加速了传统大家庭制的瓦解。

大家庭的瓦解造成了人际关系的开放化。在传统的大家庭结构中,家庭成员的人际关系范围狭窄,"交往主要围绕礼法和血缘、地缘、业缘构筑人际社会情感关系网,市民交往方式具有明显的社会庇护性,并且突出了家族或宗族的功利性。这种交往格局非常封闭狭小。亲缘关系不外家族、宗族,地缘关系不外同乡、邻里,业缘关系不过同业、师徒而已"。[3] 人们的

---

① 殷海光:《中国文化的展望》,中国和平出版社,1988年,第162页。
② 殷海光:《中国文化的展望》,中国和平出版社,1988年,第163页。
③ 朱英:《辛亥革命与近代中国社会变迁》,华中师范大学出版社,2001年,第590页。

思想观念和行为模式的形成主要为家庭所给予,人们的社会化程度较低,思想受到很大束缚。然而,随着青年人逐渐开始走出家庭,满怀希望地走向社会,人们原有的人际关系被打破,逐渐开放化;同时,人们的意义接收系统已经不再局限于家庭,而是开始向社会吸取营养,获取新知。人们的人际交往由狭小的传统圈子开始走向更广阔的社会。"交通、电信以及新的城市公共设施的出现,为市民人际交往提供了更多的场地和条件,市民互动率大大增加,市民人际交往的意识和方式更为开放"。①

2. 城市的发展

随着传统经济的解体、西方列强的入侵、通商口岸的开辟,部分城市迅速成为中外贸易的枢纽和集散地;并且由于工业企业的建立,再次兴起了一批城市。"由于城市在政治、经济、文化、教育的功能,使得城市的地位越来越重要,无论经商、求学、谋利、求生甚至享乐的人们都要去城市,于是,各种资金、多元文化与大量的异质人口通过不同渠道涌入城市,使得新型城市日益发展起来"。② 在城市人口增长率上,19 世纪的最后几年和 20 世纪的最初几年,是中国主要城市迅速发展成长的时期,城市人口(主要是通商口岸)以 3.5%～9.8% 的年增长率增长,大大超过了 0.4%～0.5% 的人口年增长率。

城市逐渐成为先进文化发展最为迅速的地方。近代文化教育事业首先出现在城市。以学校而言,1839～1860 年,传教士在中国创办了大约 38 所学校,全部集中在五个通商口岸城市。③ 19 世纪 60 至 90 年代,洋务派办了大约 24 所新式学堂,也主要集中在 12 个城市之中。再以报刊为例,根据戈公振《中国报学史》提供的材料,19 世纪末 20 世纪初,中国人在国内所办报刊 247 种,其中上海 78 种,北京 24 种,天津 12 种,广州 36 种,武汉 15 种,五城市集中了全部报刊的 66.8%。④ 再以出版物为例,从

---

① 朱英:《辛亥革命与近代中国社会变迁》,华中师范大学出版社,2001 年,第 591 页。
② 朱英:《辛亥革命与近代中国社会变迁》,华中师范大学出版社,2001 年,第 549 页。
③ 熊月之:《西学东渐与晚清社会》,上海人民出版社,1994 年,第 288 页。
④ 戈公振:《中国报学史》,生活·读书·新知三联书店,2011 年,第 108-113 页。

1843 年到 1898 年,中国共出版西刊西书 561 种,其中在上海出版的就达 434 种,占 77.4%。①

3. 新知识分子阶层的产生

近代城市的发展对社会产生着深刻的影响。近代城市中各种社会组织相继出现,从而形成了工商业者、工人、教师等不同阶层。其中新兴知识分子阶层的产生是一个重要的现象。

清政府迫于内外形势的压力,实行新政改革,并于 1905 年正式废除科举制,推行新式教育,兴办新式大学、高中、师范、军事、实业等学校。新式学堂人数在 1902 年为 6 912 人,到 1909 年则达到了 163 884 人,1912 年为 2 933 387 人。加上未计算在内的(中国人办)教会学堂、军事学堂,日、德等国所办教会学堂以及未经申报的公私立学堂学生,总数已经超过了 300 万人。②

学校和新式学生的发展对城市起着重要的作用,新兴的知识分子阶层在清末民初这一社会巨变的时期,是一支不可小觑的革命性力量。"知识分子是受过教育的,承担社会的文化职能并且相对不受束缚的一个社会阶层。这个阶层并非独立于社会阶级关系之外的完全不受束缚的群体,但其见解毕竟不像多数社会成员那样完全被阶级地位所决定"③"与晚清帝国分化离解的社会景象相反,或者说正是因为这一分化离解的社会过程,新兴知识阶层的集团化倾向和组织程度在不断增加"。④ 他们聚集在城市,或以城市为据点,通过学堂、军队、报馆或社团释放出巨大能量。从他们的活动可以了解到中国的政治生活。他们鼓吹民主、民族主义,启迪民智,振奋人心,重塑中国崭新的精神和灵魂。正是这样,晚清的城市社会意识,已使革命成为主流,改革和革命成为合法性的要求,民主共和成为不可逆转

---

① 张仲礼:《近代上海城市研究》,上海人民出版社,1990 年,第 930 页。
② 转引自桑兵:《晚清学堂学生与社会变迁》,学林出版社,1995 年,第 2 页。
③ 陈勤、李刚、齐佩芳:《中国现代化史纲》上卷,广西人民出版社,1998 年,第 425 页。
④ 许纪霖、陈达凯:《中国现代化史》第一卷,上海三联书店,1995 年,第 245 页。

的趋势。城市已从封建统治的堡垒变成为革命的策源地。①

(四) 思想、文化条件

1. 平民主义的文化启蒙运动

甲午战争以后,启蒙思想家们认识到了对下层社会进行启蒙的必要性,他们发现了"民",并认为"民"是国家政治的主体。西方社会中的"民"主要是指具有一定文化和科学知识水平、也具有一定政治能力的市民阶级,泰西之民"农工商兵,人皆知学;妇女童稚,人尽知书"②;而我国当下的"民",多为文盲。即使是中国当下的知识精英阶层,也对八股文以外的知识一概不知。严复最早提出"民智"的问题,认为民力、民智、民德关乎国家强弱,而中国当时情况下"民智"是最为亟须改变的。梁启超也认识到了"开民智"的必要性,提出:"昔之欲抑民权,必以塞民智为第一义;今日欲伸民权,必以广民智为第一义。"③严复等思想家们先后提出的"开民智"理论在中国知识分子阶层中立即得到广泛的响应,变成了清末十年间最流行的口号。众多有识之士深感于人民无知的巨大危害,纷纷出谋划策,展开了一场声势浩大的民众启蒙运动。

(1)创办报刊 当时的启蒙思想家发现,报刊具有去塞求通的特性,可以面向广大民众,因此他们极力希望通过报刊这一传播媒介传播知识,开发民智。梁启超说过:"觇国之强弱,则于其通塞而已……去塞求通,厥道非一,则报馆其导端也。……阅报愈多者,其人愈智;报馆愈多者,其国愈强。"④所以当时无论是改良思想家还是资产阶级革命家,都注重办报活动。当时的很多报纸,创办时就是以传播知识、启迪民智为宗旨的。如《湘学新报》,其创立时就是以倡新学、开民智、育人才、图富强为宗旨,讲求实

---

① 参考朱英:《辛亥革命与近代中国社会变迁》,华中师范大学出版社,2001年,第557页。
② 《山东道监察御史杨深秀折》,国家档案局明清档案馆编:《戊戌变法档案史料》,第2页。
③ 梁启超:《论湖南应办之事》,《饮冰室合集·文集》之三,中华书局,1989年,第41页。
④ 梁启超:《论报馆有益于国事》,李华兴、吴嘉勋编:《梁启超选集》,上海人民出版社,1984年,第23-24页。

学和新学,其开办的栏目有掌故学、史学、舆地学、算学、商学、交涉学等,都以普及新知为目标。甚至有的直接就以"开智录""蒙学报"等报刊名字命名。

(2)阅报社　创办报刊可以起到传播知识、开民智的重要作用,但是很多民众并没有阅读报纸的习惯。而只有报纸被人们阅读,报刊才能够实现启蒙民众的目标。因此这就催生了一种和报纸相关的新事物——阅报社的诞生。资料显示,山东、河北、浙江、广东、江苏、福建、江西、湖北等地都相继设立了阅报社。阅报社的设置,在1905年、1906年达到高峰。到1910年代末期,其功能和重要性,已经普遍受到认同。[①]《大公报》的一篇《推广阅报社之益》说道:"大抵开通民智之难,莫难于使之自愿。故强迫不可也,劝导无效也。使之自愿之道,殊无过于广设阅报社。阅报社之设置甚易,只须择公有地方数处,略备椅桌,购置各种日报而已。""阅报社一事,非惟城邑所不可少,乡镇之间亦宜同时举办"。[②]

(3)白话文运动　最早在19世纪80年代后期,就有人提出使用白话文,以唤起下层平民的觉醒。黄遵宪在1887年所作的《日本国志·文学志》中指出,中国语言和文字是分离的,不利于下层平民使用文字,应该以接近于口语的文字来做文章。梁启超在《论幼学》一文中也说道:"古人文字与语言合,今人文字与语言离,其利病既缕言之矣。今人出话,皆用今语,而下笔必效古言,故妇孺农氓,靡以读书为难事。"他认为应该"专用俚语,广著群书",从而使得百姓可以接触书籍,了解天下之事。[③]

从现有资料看,早在1897年就出现了两份白话报。1900年以后,数量开始急剧增加。1900~1911年间,共出版了111种白话报。[④]很多报纸设有白话一栏,《大公报》曾设白话附张,并结集出版。除了白话报刊以外,

---

① 李孝悌:《清末的下层社会启蒙运动:1901—1911》,河北教育出版社,第59页。
② 《推广阅报社之益》,《大公报》,1910年4月2日。
③ 梁启超:《论幼学》,《饮冰室合集·文集》之一,中华书局,1989年,第54页。
④ 蔡乐苏:《清末民初的一百七十余种白话报刊》,《辛亥革命时期期刊介绍》(第五册),第493 - 538页。

各级政府出示、印行的白话文告、传单、私人写的宣传、告诫性文字,也大量出笼。①

(4)西方书籍的翻译 对于西方书籍的翻译在鸦片战争之后就已经开展了,从事翻译活动的主要有传教士、官府、崇尚西方的先进知识分子等,书籍多以科学技术等应用性之类为主。随着"开民智"口号的提出,翻译西方书籍的活动进一步受到启蒙思想家们的关注。清政府对翻译西方书籍也十分重视,1896年设立官书局,翻译西方国家的各种书籍,1898年设立的京师大学堂也有"编译局"这一机构。

由于人们认识到要改变中国的现状,仅靠发展西方科技是不够的,必须从根本上改变现有的社会制度。因此,这时对西方书籍的翻译已经走向深入,不再像起初以翻译一些科技书籍为主,而是"以政学为先,而次以艺学"②。启蒙主义者还认为,西学不应只作为"制器"的知识支持,更应广泛地内化为中国人的"智",即文化素质。同时这一时期的译书活动已成为自觉的知识和观念引进活动。在译书的同时,启蒙主义者注重知识的整合,力求翻译的知识体系化。③

(5)兴办近代教育 这一时期兴办新式学校也是开民智的重要举措之一。中国近代教育可以追溯至洋务派举办培养翻译和外交人才的外国语学校。同治元年(1862年)二月一日北京同文馆正式成立,是洋务派创办的第一所新式学堂,此后洋务派又在各地相继开办了一些科学技术学堂和军事学堂。在新政时期,实行新式教育,兴办新式学堂是一项重要内容,但这一时期的兴办近代教育已和洋务运动时期有着明显的不同。这一时期兴办新式学堂主要以开民智为目的,认为所有的人都应该平等地享有教育机会,"必使全国四万万民皆出于学,然后智开而才足"。④ 在具体实践

① 李孝悌:《清末的下层社会启蒙运动:1901—1911》,河北教育出版社,第35页。
② 梁启超:《大同译书局叙例》,黎难秋编:《中国科学翻译史料》,中国科学技术大学出版社,1996年,第469页。
③ 参考汪林茂:《晚清文化史》,人民出版社,第276-278页。
④ 康有为:《请饬各省改书院淫祠为学堂折》,汤志钧编:《康有为政论集》上册,中华书局,1981年,第311-312页。

中,设立了面向不同阶层的学堂,如农务学堂、工艺学堂、女学堂等,针对不同阶层教授不同的内容。同时,在开民智思想的指导下,新式学堂注重对基本知识和基本素质的提升,对基础教育的内容和重要性有了比较深入的认识。

(6) 宣讲、演说活动　对大众进行宣讲,在中国历史上由来已久,为了教化百姓、控制人们的思想,明清时期就有关于宣讲的制度。在清末民初,宣讲成为一种普遍采用的文化启蒙形式。宣讲具有"开通风气的力量""感人至深""可把人的心思见解变化过来"[1]"开化人的知识,感动人的心思,非演说不可"。[2]

宣讲和演说活动的地点与方式有很多种,以戏园和茶馆居多,因为此二处为众人出入的公共场合,受众众多,会产生较好的效果。演说的内容更是纷繁复杂,当时演说的主要内容有劝诫缠足、劝诫鸦片、鼓励实业、时局与爱国、革命宣传等。启蒙者们试图通过这一形式向下层社会的民众灌输新的思想、新的价值观,使其具备新国民的素质,而事实上通过演说者的宣讲,人们的观念正在潜移默化地被改变着,人们的思想也在逐渐得到启蒙。

2. 思想观念的变化

(1) 否定君主专制与封建礼教　在对人民进行启蒙的过程中,对封建君主专制的批判是其中的一项重要内容。启蒙主义者不仅对封建君主专制进行痛斥,而且还对其进行深入分析。严复痛斥君主专制制度"秦以来之为君,正所谓大盗窃国者耳";[3]梁启超称君主"皆民贼也";康有为对君主专制予以深刻的分析:

> 自知县号称亲民,而吏役千数人,盘隔于内,山野数百里,辽隔于外,小民有冤,呼号莫达,⋯⋯若夫督抚之尊,去民益远,百县之地,为

---

① 《敬告宣讲所主讲诸公》,《大公报》,1905 年 8 月 16 日。
② 秋瑾:《演说的好处》,中华书局上海编辑所编:《秋瑾集》,上海古籍出版社,1979 年,第 3 页。
③ 严复:《辟韩》,王栻编:《严复集》(一),中华书局,1986 年,第 35 页。

事更繁。积弊如山,疾苦如海,……皇上九重深邃,廉远堂高,自外之枢臣,内之奄寺,此外无得亲近,况能议论? ……尊严既甚,忌讳遂多,上虽有好言之诚,臣善为形意之媚,乐作太平颂圣之词,畏言危败敌贼之事,故人才隔绝而不举,积弊日深而不发……①

由于启蒙主义者的各种努力,如翻译西方书籍,兴办近代新式教育,使人们的基本文化水平得以提升,同时报刊、阅报社使先进的思想、观念、价值得以迅速传播。人们对于君主专制已经有了比较深刻的认识,君权神圣的观念已经从人们心中被剔除,君主专制的去除已经是大势所趋,人心所向。

此外,由于历代封建统治者大力提倡封建礼教,以孔儒为代表的封建礼教与君主专制是紧密结合在一起的。因此,随着清末君主专制为人们所痛斥、批判,作为封建制度的重要统治工具的封建礼教也在不断受到人们的挑战。自从西方传教士来到中国,为了使人们接受基督教,他们就开始批判封建礼教,"中国崇尚孔教,二千余年于兹矣,乃积弱积贫,至于今日之甚,岂非儒教当任其咎乎!"。② 这些思想通过传教士办的报纸、教会学校等渠道,首先对开明的知识分子产生了影响,随后这一思想广泛传播,封建礼教开始不断受到人们的质疑、批判。"砌专制政府之基,以荼毒吾同胞者二千余年矣""以孔毒入人之深,非用刮骨破疽之术不能庆更生"。③

(2)兴民权 在对西方科技、文化进行学习的过程中,西方文化中的"人权"思想受到当时中国人的注意。驻英公使郭嵩焘曾说过:"西洋政教以民为重……民权常重于君。"④甲午战争之后,启蒙主义者发现中国民众

---

① 康有为:《上清帝第七书》,汤志钧编:《康有为政论集》(上册),中华书局,1981年,第219、220页。
② 盖乐惠:《论政教之关系》,《万国公报》(第170册),林乐知译,1903年3月;转引自杨代春:《〈万国公报〉与晚清中西文化交流》,湖南人民出版社,2002年,第194页。
③ 《排孔征言》,《辛亥革命前十年间时论选集》(第3卷),生活·读书·新知三联书店,1977年,第207-209页。
④ 郭嵩焘1898年5月19日日记,《郭嵩焘日记》(三),湖南人民出版社,1983年,第506页。

地位太低,对国家大事并不关心,而相比之下,西方的民众地位很高,并且关心国事,视国家利益为自己的利益。因此,中西方民众地位的差异对于国家富强与否有着很大的影响。专制主义统治下的人民权利成为启蒙思想者重点关注的一个问题,由此在清末兴起了一股"兴民权"的潮流。

启蒙思想家们将西方的社会契约论、天赋民权论介绍到了中国,并且将兴民权和救亡、富强结合起来,形成了具有中国特色的民权理论。"夫曰共举之,则且必可共废之。君也者,为民办事者也;臣也者,助办民事者也,……事不办而易其人,亦天下之通义也"。[①] 谭嗣同将"民"的地位抬升到了超越"君"的高度,可见其民权思想的认识深入。这一认识也在根本上打破了"君权神授"的神话,将君主从高高在上的位置上拉到了和人民同等的位置上,也将"民"确立为了一个权利主体。

"民权"的追求成为清末民初中国政治文化的核心内容,反映了在启蒙主义者的努力下,中国人民的政治理念和价值观已经开始走向近代。辛亥革命以后,封建君主专制成为永远的历史,资产阶级革命建立了南京临时政府,短暂的民主共和政体的建立是中国政治文化的重要进展。资产阶级在革命中所呼喊的"以恢复我声明文物之祖国,以收回我天赋之权利,以挽回我有生以来之自由,以购取人人平等之幸福"目标在《中华民国临时约法》中得到了形式上的实现,这是中国近代政治文化运动的一个伟大胜利。

二、微观条件

(一)科技因素

1. 印刷术

中国古代已发明了活字印刷术,然而真正将此技术改进并推广应用却是西方国家,在新闻传播业上也是如此。西方各国早在 16 世纪末 17 世纪初就已经有了印刷报纸,到 17 世纪后半叶日报已经问世。随着西人在华

---

① 谭嗣同:《仁学》,蔡尚思、方行编:《谭嗣同全集》(下册),中华书局,1981 年,第 339 页。

办报活动的开展,其所掌握的铅印、石印技术传入我国。

鸦片战争以后,除了香港、上海外,来华的外国传教士、商人以及其他各界人士,在广州、宁波等通商口岸积极从事办报活动,办起了一批近代报刊。这时他们所掌握的印刷技术已经相当成熟,铅印技术也是这时候由外国人的办报活动传入我国的。1827 年出版的《广州纪录报》使用的就是英文铅字印刷技术。鸦片战争以后,英华书院从马六甲迁至香港,成为中国第一家拥有中文铅字设备的印刷机构,并使得《遐迩贯珍》成为第一种使用铅印的中文报刊。

此外,石印技术也是在鸦片战争前夕引入我国的,并且发展迅速。第一份在广州创办的国人自办报纸《述报》,创刊于 1884 年,就是由广州海墨楼石印书局印刷发行,采用的就是石印技术。① 到 19 世纪 90 年代,石印技术基本代替了传统的雕版技术。除上海外,北京、天津、广州、杭州、武昌、苏州、宁波等地均开设了石印书局。除印刷图书古籍之外,还大量刊印报章杂志,报纸是其中的最大宗。辛亥革命前后的《时务报》《经世报》《实学报》《蒙学报》《农学报》《萃报》《格致新闻》《普通学报》《工商学报》《中外算报》等均为石印。②

2. 电报技术

1844 年美国莫尔斯(Morse)首先试验成功了电报通信,随着电报技术的发展,西方国家发生了巨大的变化,然而这一技术却在清政府内部不断地受到质疑并被禁绝。经过了一系列的曲折,清朝第一条沿海的海底电缆于 1871 年竣工,电报这一新的通信技术终于来到了中国。在中国上海,北可经日本长崎至海参崴与俄国通报,南可经香港与欧美通报。但是,"中国沿海内洋,可听其在水底安放。惟线端仍不得上岸,俾与通商口岸陆路不相干涉,庶界限分明"。③

电报部分地传入中国之后,在各方面显示着其巨大的技术优势。在贸

---

① 方汉奇:《中国新闻传播史》,中国人民大学出版社,2002 年,第 83 页。
② 陈钢:《论晚清媒介技术发展与传媒制度变迁》,上海大学博士毕业论文,2009 年,第 49 页。
③《总署致英使威妥玛函》,《海防档》(丁),《电线》,第 1 册,第 82 页。

易上,"在英国本土的商人,现在已经完全能够控制贸易的局面,因为他只要打出一个电报,便能在六个星期后接到他在英国所需要的任何订货"。① 同样,在与西方列强的诸多军事斗争中,西方国家使用的电报通信系统已经使清王朝传统的信息传递系统处于滞后、失灵状态,由于李鸿章等人开始转变态度,上书请求铺设电报线路,获得准许,中国的电报技术才真正发展起来。

自中法战争至甲午战争以前,经过十多年的发展,清朝已基本建立起覆盖全国的电报网络,基本上担负起国家军政要务的信息传递责任。"中国电报创造未及十年,现已东至东三省,南至山东、河南、江苏、浙、闽、两广,缘江而上,至皖鄂入川黔,以达云南之极边;东与桂边相接,腹地旁推,交通几于无省不有,即隔海之台湾,属国之朝鲜,亦皆遍设"。② 此后,无线电报技术发展,在清朝末年也开始使用。

3. 近代邮政

中国邮驿事业的创始可以追溯到三千年以前,早在周秦时代就已经相当发达。在第一次鸦片战争以前,中国邮驿机构主要有官办驿站和商办民信局两种。随着资本主义列强的侵略,西方国家通过《天津条约》开始了对中国邮政主权的侵犯。资本主义列强侵犯中国邮权,主要是通过完全殖民侵略性质的"客邮"和"商埠邮局"两种类型来进行的,"客邮"指列强在中国非法开设的邮局,是各国邮政在华分支机构;"商埠邮局",是指通商口岸的列强市政机构工部局附设的书信馆。这些外国邮局在中国收寄民间信件,偷运违禁物品,漏税走私等,肆无忌惮地侵犯中国主权。

清末近代邮政,自海关兼行邮递事务至 1911 年 5 月海关移交邮政官局,一共四十九年,大致可分为三个阶段:海关兼行邮递(1866~1878 年);海关试办邮政(1878~1896 年);海关开设官局(1896~1911 年)。到 1911

---

① 汪敬虞:《外国资本在近代中国的金融活动》,人民出版社,1985 年,第 106 页。
② 《拟办山陕商线折(光绪十五年十一月初二日)》,《李鸿章全集·奏稿》(卷六六),时代文艺出版社,1998 年,第 2490 页。转引自陈钢:《论晚清媒介技术发展与传媒制度变迁》,上海大学博士毕业论文,2009 年,第 60 页。

年,东起中朝边境,西至西藏拉萨,北到蒙古库伦(今乌兰巴托),南抵海南琼州,东南台湾(1896年前)、西北迪化(乌鲁木齐)、西南云(南)贵(州)、东北吉(林)黑(龙江)、都有了邮政局所,初步构成了全国的邮政网线。①

清末近代邮政,是西方资本主义列强侵华的产物。但是海关邮政在实际工作中却清除了驿站的影响,采用了雇用制度,摆脱了封建衙门作风,较完整地搬用了西方邮政的先进方法,因而在客观上形成了一个资本主义经营方式的新式通信机构。这对于抵制帝国主义对中国邮权的进一步掠夺以及结束国内驿站、民信局两种旧式通信方式都有一定作用,符合社会经济发展的趋势。

4. 铁路

和电报等其他新技术一样,铁路的修建在腐朽的清王朝也遭遇了不小的阻力。经历多年的争论之后,清政府已经开始意识到铁路对清王朝的重要性,不再受反对者意见左右。在光绪十二年(1886年)四月,经李鸿章奏请,铁路事务统归海军衙门管理,铁路事务有了正式的行政管辖,铁路建设有了主持机构。这表明清政府对铁路问题的认识发生了新的飞跃,特别是专门机构的设立,标志着清政府对铁路问题态度的根本转变。

在华北,从1895年到1913年不到二十年的时间里,先后建成京奉、京汉、胶济、正太、京张、汴洛、津浦、道清等数千公里的铁路干线,从天津、青岛等沿海口岸伸向内陆腹地的华北铁路网骨架已基本形成,华北与邻近地区的铁路也已连成一片。从中国建立第一条铁路起到1911年为止,在中国已建成铁路9618.1公里。清末,基本上完成了几大铁路干线的修筑,另外也筑成了几大重要支路,这都构成了中国铁路交通网的基本框架,为以后中国铁路建设的发展奠定了基础。

铁路建成以后,和邮政、电报互相配合,加速了我国交通、通信的近代化进程。"晚清是中国铁路邮政的启始时期,1896年至1901年,铁路邮政权掌握在外国人手里,直到1902年中国收回铁路邮政权。1903年制定了

---

① 《清史稿》第十六册,卷一五二、志一二七。

《大清邮政局铁路公司互议章程》，奠定了铁路邮运的基础。晚清铁路邮政始于关内外铁路，1888 年 10 月，唐胥铁路通车至天津，天津海关邮政即用来将大沽口的轮船邮件通过塘沽东站交火车运至天津，这是中国利用火车运送邮件之开端"。[1] 随着铁路的发展，邮政的业务在很大程度上依赖于铁路，"惟是邮政之基，与铁路最有关涉，凡铁路开行之处，其邮递必见盛兴，是铁路无异邮政之辅"。[2]

（二）信息需求

1. 世界化和个性主义意识的发展引发的信息需求

人类历史的发展昭示出一个真理：交流是社会发展的重要条件，不同民族、不同国家之间互相交流才能促进发展。然而，封建社会的中国在多数时间内处于比较封闭的状态，不知世界是什么状态。在洋务运动、戊戌变法中，学习西方，实行改革，使得中国紧随世界潮流，进入民国以后，中国的世界化趋势就更明显了。

同时，随着启蒙运动的深入，人们开始接触到个性、独立、自由等个性主义的元素。梁启超等人在《清议报》《新民丛报》《政论》等报刊上发表了大量的文章，阐发自由和个性主义。"吾以为不患中国不为独立之国，特患中国今无独立之民。故今日欲言独立，当先言个人之独立"。[3] 梁启超指出，自由主要有四端：政治上的自由、宗教上的自由、民族上的自由、生计上的自由。"综论自由之理论时，梁氏着眼点是政治；那么在具体阐释自由之意义时，他把思想之自由放在第一位。他强调，做自由之人……其根本在有独立之思想，独立之精神，独立之志气与夫独立之能力，而独立之思想实为根本之根本"。[4] 受到启蒙思想影响的人们要求能够接触新思想、新观念，认为言论、思想、出版等自由是不可被侵犯的，在这一思想的影响下，

---

[1] 陈钢：《论晚清媒介技术发展与传媒制度变迁》，上海大学博士毕业论文，2009 年，第 68 页。
[2] 尹铁：《晚清铁路与晚清社会变迁研究》，经济科学出版社，2005 年，第 300–301 页。
[3] 梁启超：《饮冰室合集·文集》之五，中华书局，1989 年，第 44 页。
[4] 郑大华、邹小站：《传统思想的近代转换》，社会科学文献出版社，2007 年，第 103 页。

人们催生出了强烈的信息需求。

2. 新的生活方式引发的信息需求

城市居民的生活被分为工作和休闲两部分。在城市中,随着管理体系的完善,各种公共设施诸如图书馆、公园等休闲娱乐设施的开辟,为市民提供了良好的休闲环境,提高了市民的生活情趣和生活素质。"现代休闲娱乐方式的传播,把广大市民从狭小的私人空间引向了更为广阔的公共领域,有力地促进了保守封闭的传统观念向积极开放的现代观念的演变,也为提倡民主科学的现代思想的传播提供了一个开放的大众空间"。①

市民的闲暇时间和生活需要信息和知识来予以满足,因此报纸杂志、广播、戏剧等都成为当时市民生活的重要组成部分。从甲午战争至1898年,在主要通商口岸城市出现了70余种报纸。在上海,《申报》成为市民不可缺少的精神食粮,市民普遍将报纸"视为求学之急务,而不肯一日间断也"。② 民国后,报纸数量和发行量继续发展,据统计民国初年报纸达500家,销量达到4200万份。1921年,全国共有报纸1134种,其中日刊550种,仅通过邮局递送的报纸和印刷品就达91130940件。20世纪20年代末期,中文报纸每日发行共有628种,每日发行的外文报纸52种。如果把未经邮局递送的报纸数量统计在内,则销量远不止于此。③ 同时,巨大的信息需求还促进了电话、电报、广播等信息传递方式的发展,市民的信息接收方式更加多元化。

第二节　报业自身的发展状况

一、报业整体结构状况

在清末民初,各种条件逐渐具备,伴随着风起云涌的政治大变动,中国

---

① 朱英:《辛亥革命与近代中国社会变迁》,华中师范大学出版社,2001年,第595页。
② 转引自张仲礼:《近代上海城市研究》,上海人民出版社,1990年,第930—931页。
③ 参考朱英:《辛亥革命与近代中国社会变迁》,华中师范大学出版社,2001年,第595—596页。

的近代报业出现了蓬勃发展的景象。在这种形势下,报业的性质却各有不同,主要可以分为政党报刊和商业报刊。

(一)政党报刊

政党报刊在民国前后的报业中占有重要的地位。清末民初,社会政治变动剧烈,依据持有的不同政治态度,各派成立了不同的政党,在清末民初出现了政党林立的局面。当时的政治势力主要有以孙中山为首的革命派、康有为和梁启超为首的立宪派以及袁世凯的实力派,同时随着政治形势的变化,各派又经常出现分化组合。如作为革命派元老的章炳麟,脱离中国同盟会,与立宪派和旧官僚联合组建了中华民国联合会,后又与张謇的预备立宪公会合并,组成了统一党;同盟会的成员孙武、蓝天蔚等人,创办民社,发表《民社缘起》及《民社规约》,称"援卢梭人民社会之旨"。此种分离组合在清末民初经常发生,据统计,仅在 1911 年至 1913 年之间,全国各地号称为党与会的新组织,将近 700 个,其中具有健全政纲或在某一方面有具体政纲的政党,为数三十余。[①] 各派成立之后都会创办报纸作为自己的言论机关,政党报刊数量迅速膨胀。

当时的政党报刊为了宣传思想、扩大影响,主要集中在大城市:

北京:

革命派的报纸主要有《国风日报》《国光新闻》《民权报》《民意报》等;

立宪派的报纸主要有《北京时报》《京都时报》《国民公报》《共和日报》等;

拥袁报纸主要有《亚细亚报》《大自由报》《国华报》《新社会报》《京津时报》等;

天津:

作为华北的重要商业中心,民国建立时有报纸 35 种,仅次于北京。主

---

① 张玉法:《民初政党的调查与分析》,《"中央研究院"近代史研究所集刊》,第五期。转引自赖光临:《七十年中国报业史》,"中央日报"社,1981 年,第 10 页。

要报纸有《民意报》《大中华报》《天津公论》等；

上海：

革命派的报纸主要有《民立报》《民权报》《中华民报》《民国新闻》等；

其他派别的报纸主要有章太炎主持的统一党的《大共和日报》、进步党的《时事新报》等；

广州：

主要报纸有《平民报》《广南报》等；

此外，长沙等一些重要城市都有各党派的政党报刊。

（二）商业报刊的发展

同西方新闻业的发展一样，政党报刊是中国近代报业发展过程中的一个重要阶段，在某一个时期甚至占据着统治地位。然而正如《纽约时报》的创办人雷蒙德（Raymond）所说："不能把政党机关报误认为是公众报纸。它们不是新闻事业的合法成员；它们不对新闻事业负责，因此没有资格享有新闻事业的荣誉……公众报纸具有高尚的职能……报纸能够取得公众的信任，必须是超党派而独立的。它一定要让人们感到它不是根据政党的利益或忠于政党的需要……"①

第一次世界大战期间，西方帝国主义忙于欧洲战场，无暇东顾，使得中国的资本主义发展迎来了短暂的黄金时期，这为中国商业报刊的发展创造了良好的条件。上海作为全国的经济和金融中心，成为商业报刊的理想发展城市，最具代表性的便是《申报》和《新闻报》。

《申报》在 1912 年由史量才接手之时，销量只有 7 000 份，经过十年的发展，已发展成日均销量 5 万份的大报。该报得到如此迅速的发展主要就是由于该报加强经营管理，推行商业化运作方式。《申报》聘请张竹平为经理，设立广告推广科，并派人四处招揽广告，同时改进广告设计，代客户绘

---

① 布莱耶：《美国新闻史》，张隆栋：《外国新闻事业史简编》，中国人民大学出版社，1988 年，第 75-76 页。

制广告图样,直至客户满意,得到了广大广告客户的欢迎,使得广告日增,可以占到报纸版面的一半以上,成为报纸的主要收入来源,而这正是近代报刊的主要特点之一,也表明《申报》已经具有了近代商业报刊的性质。在报纸发行上,也专门设立报纸推广科,开始向外埠寻求机会,征求客户,从而使发行量不断增加。《申报》还注重加强基础建设,不断更新技术设备。《申报》馆在汉口路拥有高五层的报馆大楼,从美国购进两部最新式的印报机,两小时即可印刷十万份报纸,报馆自备汽车,减少运输中的时间消耗。《申报》采取的这些商业化运营措施,使其成为当时全国设备最新、最完备的报纸,也是商业化报刊的典范。

《新闻报》创办之初为中英商人合办的一家公司所有,英商丹福士为总董,蔡尔康为主笔,后由丹福士独资经营,经营失败后归美国人福开森所有。福开森注重报纸的商业化运营,该报在国内报界率先在报馆内设立无线电收报台,直接抄收外国通讯社电讯,抢先刊发,大大增强了竞争力。为了与《申报》竞争,除了在内容上逐渐充实以外,在发行上也费尽心思,该报定于午夜出报,用小船连夜运送苏州,转发京沪沿线各城镇,因而比《申报》早到,发展了稳定的基本用户,1921 年月均销量达到 5 万份左右。[1] 在印刷设备上,《新闻报》在 1914 年开始使用巴德式二层转轮印报机,后又购进美国最新复式印报机,印刷设备更加完善。在汪汉溪任《新闻报》经理期间,精于管理,注重广告的质量,广告业务发展迅速。该报以商业主义为信念,不求政府津贴,不卖言论,以商业化经营为主要努力方向,经过各方面的发展,《新闻报》成为和《申报》并驾齐驱的商业性大报。

除了《申报》和《新闻报》以外,较为出众的商业化报刊还有《时报》。该报最初由保皇党人创办,狄葆贤主持,易主之后,进行改革,购进新式机器,效仿美国报业大亨赫斯特(Hearst)的做法,以突出社会新闻、体育新闻和图片新闻取胜。

戈公振先生的《中国报学史》为我们呈现了较为完整的当时我国民营

---

① 参考自赖光临:《七十年中国报业史》,"中央日报"社,1981 年,第 106 页。

报业的分布状况：

上海：

日报：《苏报》《国民日日报》《俄事警闻》《警钟日报》《时报》《神州日报》《中国公报》《新世界日报》《指南报》《维新报》《博文报》《爱国日报》《华洋报》《申江新报》《少年中国报》《独立报》《江浙汇报》《苏海汇报》《民吁报》《民立报》《民呼报》《天铎报》《民意报》《时事报》《舆论报》《舆论时事报》《海上日报》《时事新报》《国民公报》《商务日报》《南方报》《世界通报》；

杂志：《农学报》《艺学报》《算学报》《中外算报》《实学报》《萃报》《工商学报》《商务报》《江南商务报》《政艺通报》《国粹学报》《普通学报》《通学报》《学报》《新学报》《格致新闻》《新世界学报》《政治学报》《集成报》《求是报》《女报》《外交报》《求我报》《蒙学画报》《新中国白话报》《大陆》《教育世界》《教育杂志》《中外大事报》《五洲时事汇报》《扬子江丛报》《新小说》《科学世界》《东方杂志》《译林》《选报》《卫生报》《预备立宪公会报》《书画谱报》《欧美法政介闻》《飞影阁画报》《政论》《国风报》《民声杂志》《进步》。

北京：

日报：《京话日报》《强学报》《燕京时报》《京报》《刍言报》《北京日报》《中华报》《中国报》《全京日报》《帝国日报》《京都时报》《帝京新闻》《华字汇报》《金台组报》《宪志日报》《公论实报》《国民公报》《新闻汇报》《京津时报》；

杂志：《启蒙画报》《工艺报》《宪法新闻》《地学杂志》《北京商务报》。

天津：

日报：《津报》《国闻报》《天津时报》《天津日日新闻》《大公报》《时闻报》《北方日报》《多闻报》《通报》《中外实报》；

杂志：《国闻汇编》《农学报》。

广州：

日报：《博文报》《岭南报》《岭海报》《环球报》《商务报》《纪南报》《广智报》《羊城报》《七十二行商报》《越峤纪闻》《南越报》《商务总会报》《人权报》《粤东公报》《公言报》《时敏报》《亚东报》《亚洲报》《醒报》《廿世纪报》

《国事报》《光华报》《光汉报》《震旦报》《天运报》《国民报》《中原报》《又新报》《可报》《陀城报》《安雅书局世说篇》；

杂志：《振华五日大事记》《南洋七日报》《半星期报》《农工商报》《保国粹旬报》。

潮州：

《公理报》。

苏州：

《苏报》《苏州白话报》《日新报》。

无锡：

日报：《锡金日报》；

杂志：《无锡白话报》。

镇江：

《扬子江日报》。

扬州：

日报：《淮南日报》；

杂志：《广陵涛》。

芜湖：

《商务日报》《皖江日报》《皖报》《鸠江日报》。

安庆：

《爱国新报》

南昌：

《博闻报》《新民报》《自治日报》。

九江：

《江报》

赣州：

《又新日报》

汉口：

《汉报》《商务报》《武汉新报》《中西报》《大江报》《夏报》《楚报》《湖北

日报》《汉皋新闻》《鄂报》《绎言报》《新汉报》《大汉报》。

武昌：

《通俗报》《湖北商务报》。

长沙：

日报：《湘报》《长沙日报》；

杂志：《外交俚语报》《湘学报》《经济报》《广雅俗报》《算报》《蒙养学报》《演说通俗报》《通俗教育报》。

重庆：

日报：《救时报》《重庆日报》；

杂志：《渝报》《广益丛报》。

成都：

杂志：《蜀学报》《蜀报》。

济南：

日报：《济南报》《简报》；

杂志：《国文报》。

烟台：

《胶州报》《芝罘日报》《山东日报》《渤海日报》。

青岛：

《青岛报》。

太原：

《晋报》《晋阳日报》。

奉天：

《东三省日报》《大中公报》《微言报》《醒时报》《盛京报》。

吉林：

《自治日报》。

长春：

《长春公报》。

营口：

《营商日报》。

哈尔滨：

《滨江日报》《东陲公报》。

伊犁：

《伊犁白话报》。

杭州：

日报：《杭报》《经世报》《全浙公报》《浙江日报》《危言报》；

杂志：《杭州白话报》《医学报》《五日报》《新政交儆报》《群学社编》。

宁波：

《四明日报》《甬报》。

厦门：

日报：《漳泉日报》《福建日日报》；

杂志：《鹭江报》。

福州：

日报：《福报》《福建日日报》《福建日报》《福建新闻报》；

杂志：《福建七日报》。

汕头：

《岭东月报》《中华新报》。

贵州：

《西南日报》。

桂林：

日报：《广仁报》；

杂志：《官话报》。

梧州：

《广西新报》。

香港：

《循环日报》《中国日报》《公益报》《维新日报》《香港新报》《有所谓报》
《少年报》《香港商报》《通报》《广东报》《香海日报》。

澳门：

日报：《澳报》；

杂志：《知新报》。

新加坡：

《天南星报》《日新报》《叻报》《总汇新报》《图南报》《中兴日报》《阳明报》。

槟榔屿：

《槟城新报》。

雪梨：

《东华新报》《广益华报》。

爪哇：

《乌岛日报》。

巴达维亚：

《华铎报》。

马尼剌：

《岷报》。

旧金山：

《文兴日报》《金港日报》《华洋报》《大同晨报》《世界日报》《少年中国晨报》《翰香报》《实文报》《中西报》《华美报》《万球报》。

檀香山：

《新中国报》《隆记报》《华夏报》《丽记报》。

温哥武：

《大汉公报》《华英日报》。

纽约：

《光报》《纽约日报》。

巴黎：

《新世纪》。

神户：

《东亚报》《日华新报》。

东京：

杂志：《浙江潮》《湖北学生界》《江苏》《云南杂志》《四川杂志》《河南》《晋乘》《粤西》《直说》《游学译编》《译书汇编》《新译界》《中国新报》《学报》《牖报》《学海》《医药学报》《卫生世界》《中国商业》《研究会日报》《南洋群岛商业》《研究会杂志》《农商杂志》《中国蚕丝业会报》《法政学交通社月报》《政法学报》《宪法新志》《大同报》《廿世纪之女子》《新女界》《廿世纪之××》《天义报》《民报》《复报》。

横滨：

杂志：《大同学录》《开智录》《清议报》《新民丛报》。

高丽：

《皇城新闻》。

暹罗：

《启南报》《华暹新报》。

西贡：

《光兴日报》。

二、报刊业务与经营

自第二次国人办报高潮以来，我国报纸的新闻业务就有了前所未有的发展，至民国初年新闻报道工作更是发展迅速。在内容上，报纸已经具备了新闻、评论、副刊、广告等要素，并且新闻已经开始成为报纸的主角。

随着通信技术的发展，报纸上的消息不断增多，一些重要的新闻还用大号字排出以引起读者的注意。新闻报道的类型涉及政治新闻、经济新闻、社会新闻、国际新闻等门类，并有了固定的版面。新闻报道的体裁多样化，出现了短讯、追踪报道等形式，夹叙夹议的新闻通讯这种新的报道体裁产生并走向成熟。在新闻版面上，注重新闻标题的作用，出现了主题、副题等形式。新闻摄影照片在报纸上被广泛运用，一些报刊还定期出版图画附张。走在前列的商业大报《申报》《新闻报》等报纸，更是注重新闻在报纸上的主导性地位，对于重要的政治问题，一般只报道、少评论或不评论。为了提高新闻的时效性，一些报纸对重大的突发性事件开始发行"号外"。此外，随着新闻通讯事业的发展，消息传递迅速，进一步促进了新闻报道工作的发展。

新闻评论工作也有很多改进，报纸的评论形式逐渐多样化，有"社论""时评""编者按"等形式。"时评"这种形式始于《时报》，即就当日某一新闻配发短小精悍、鞭辟入里的言论，深受读者欢迎。"《时报》对于时事勇于发言，如反对两江总督端方私铸铜元；反对漕粮征银解银；反对沪杭甬铁道借款，向当道抗争"。① 后各报纷纷效法，著名的有《神州日报》的"时事小言"栏，《民呼日报》的"公言"栏等。②

广告是近代报刊的重要内容，是中国报刊近代化的标志之一。戈公振在《中国报学史》中说："广告之内容，亦足引起读者之注意，与新闻同其价值。"③《申报》《新闻报》等商业性报纸实行企业化经营，突出赢利为目的，大量刊登广告也就成了必然之举，广告业务发展迅速。创刊之初，《申报》将登广告称为"买告白"，它对"买告白"有明确的规定："如有招贴告白货物船只经纪行情等款，愿刊入本馆新报者，以五十字为式，买一天者，取刊资二百五十文；倘字数多者，每加十字照加钱五十文。买二天者收钱一百五十文；字数多者，每加十字照加钱三十文起算。如有愿买三四天者，该价与第二天同。"④随着广告业务的发展，其所占比重也在逐渐增加，最终甚至超过了新闻报道的版面，占版面的十分之六七。

一批具有职业理想的记者和报人也在这一时期出现。由于各报对新闻报道的重视，催生了一批具有新闻学修养和办报经验的新闻记者，这些记者业务扎实，各有所长，大多受过良好的教育，黄远生、邵飘萍、胡政之等人都是杰出的代表。黄远生以擅长新闻通讯而闻名，还发明了"新闻日记"

---

① 参考赖光临：《七十年中国报业史》，"中央日报"社，1981 年，第 108 页。
② 参见方汉奇：《中国新闻传播史》，中国人民大学出版社，2002 年，第 145 页。
③ 戈公振：《中国报学史》，生活·读书·新知三联书店，2011 年，第 197 页。
④ 《本馆条例》，《申报》，1872 年 4 月 30 日。

这种体裁,用日记形式报道或评论当日新闻;邵飘萍早期担任《申报》通讯员,后受聘为《时报》《时事新报》撰写时评,成为有口皆碑的著名记者;胡政之任《大共和报》驻京特派记者期间,因消息快捷受到报界关注。除了一批以采写新闻出名的记者应运而生以外,还出现了一些善于经营管理的职业报人,以史量才、汪汉溪等人为代表。史量才接办《申报》以后,加强经营管理,推行企业化方针,开拓广告业务,加强发行,更新技术设备,使《申报》成长为商业性大报;汪汉溪在管理《新闻报》时,办事认真,不问政治,不兼他业,一心经营报务,使《新闻报》与《申报》并驾齐驱,成为知名的商业性大报。

总之,这一时期的报刊在报纸内容、报纸经营、报人职业化等方面都有着重大的发展,《申报》《新闻报》等商业性报刊实行企业化经营的方针,注重赢利,商业色彩明显,更是这一时期值得瞩目的现象,在一定程度上代表了报纸的发展趋势。

三、传媒制度环境

(一)外部控制

在清政府实行"新政"以后,允许民间办报,正式承认了近代报刊的合法地位。与此同时,清政府还允许朝政信息的公开传播,对"言禁"也部分开放。① 一时间数以千计的报刊如雨后春笋般出现。面对这一新形势,清政府意识到必须进行相应的社会调控,而法律体系是调控系统中重要的组成部分。

1905 年,出使各国考察政治大臣载泽等在《奏请以五年为期改行立宪政体折》中提出:"集会、言论、出版三者,诸国所许民间之自由,而民间亦得自由为幸福。然集会受警察之稽查,报章听官吏之检视,实有种种防维之法。非若我国空悬禁令,转得法外之自由。与其漫无限制,益生厉阶,何

---

① 百日维新期间,光绪帝曾颁布上谕,允许办报,开放"报禁""言禁",并将新闻法的制定提上了日程,但随着维新运动的失败,这一尝试为时过短,以失败告终。

如勒以章程，咸纳轨物。宜采取英、德、日本诸君主国现行条例，编集会律、言论律、出版律，迅即颁行，以一趋向而定民志。"①随后，清政府相继颁布了五部近代意义上的新闻法规：《大清印刷物专律》（1906 年 7 月）、《报章应守规则》（1906 年 10 月）、《报馆暂行条规》（1907 年 9 月）、《大清报律》（1908 年 3 月）、《钦定报律》（1911 年 1 月）。此外，各级地方政府也在此期间颁布过一些新闻事业的地方性法规。这些法律、条例对言论出版、新闻从业人员的自由权利、报刊创办和出版的管理制度等都有很多规定。总之，这一时期关于新闻事业的一些法律的颁行，标志着中国近代新闻法制初见雏形。

在武昌起义胜利以后，革命党人在其控制的地区，按照言论出版自由的理念，创建自由新闻体制。1911 年 11 月 9 日，中华民国湖北军政府颁布的《鄂州约法》，明确规定："人民自由言论著作刊行并集会结社"，只有在"有认为增进公益，维持公安之必要，或非常紧急必要时得以法律限制之"。② 中华民国南京临时政府成立以后，将言论出版自由载入国家根本大法之中，《中华民国临时约法》中规定："人民有言论、著作、刊行及集会、结社之自由。"只有在"有认为增进公益、维持治安，或非常紧急必要时"，才能"以法律限制之"，③内务部颁布的《中华民国暂行报律》的也很快取消。

袁世凯上台以后，对已经确立的新闻体制大肆破坏。起初，他只是通过创办御用报纸和收买报纸报人的手段对报纸进行控制。在地位得以巩固之后，开始制定与颁行对新闻界实施全面管制的专门法律。从 1914 年起，先后颁布《报纸条例》《修正报纸条例》《电信条例》《著作权法》等法律对新闻业及与其相关的诸如无线电事业进行管制。袁世凯死后，北洋军阀也对新闻事业进行钳制和破坏，如颁布的《检阅报纸现行办法》等，还设立专门的"新闻检查局"。自袁世凯始，民国初年的新闻法律制度在形式上采取自由体制，实际上是为反动统治服务。

---

① 《清末筹备立宪档案史料》（上册），中华书局，1979 年，第 112 页。
② 陈旭麓：《宋教仁集》（上册），中华书局，1981 年，第 350 页。
③ 《临时政府公报》，第 35 号，第 2，3 页，1912 年 3 月 11 日。

（二）内部规则

1911 年以前，在中国境内共出版过 136 种外文报刊，其中 54 种在上海出版，占总量的 39.7%。在 54 种外文报纸中，英文 34 种、法文 10 种、德文 3 种、日文 7 种，除日报、周报、晚报、专业报刊外，上海海关、工部局、公董局还发行机关年报或月报，这些报刊无不深深打上西方传播观念或媒介资本运营理念的烙印。[①] 可以说，我国近代报刊的内容生产机制、经营管理制度主要是受外报的熏陶和影响。

1. 内容生产机制

传递信息是报纸的重要功能之一，生产出有价值的信息是报纸能够生存和发展的重要条件，这一观念在清末民初已为各报所普遍接受。即便是由清政府创办的最为保守的官报，在内容生产上也有很大的进步，不仅是政府的喉舌，也传播了不少信息和各种知识，在社会生活中有一定的影响。此外，官报中还有很多关于推行新政、预备立宪、地方自治等的实施情况的报道，以及反对迷信和女子缠足，鼓励出洋留学等的宣传。其他各种报纸尤其是商业报刊，更是形成了一套成熟的内容生产理念，报纸上新闻、评论、副刊、广告等要素皆已具备，新闻报道无论是从数量上还是内容上都有很大的发展。

报纸的内容生产开始注重时效，大多数报刊都已经结束了"报""刊"不分的时代，报纸的刊期从早期的周刊等发展为日报，大大增强了时效性。同时，为了增强时效，各报纷纷和电报、通讯社等其他传播媒介相结合，在报纸上有"电讯""专电"等栏。为了提高时效性，对于一些重大的突发事件开始发行"号外"。《申报》更是使用报社的专用汽车运送报纸，都是为了增强时效性。

2. 经营管理制度

一家报纸在其创办之初都会有明确的、具体的办报理念和办报宗旨。

---

① 汪幼海：《〈字林西报〉与近代上海新闻事业》，《史林》，2006 年第 1 期。

以《申报》为例,其创办目的十分明确,那就是营利。在其创办之初就公开宣称:"本报之开馆,余愿直言不讳焉,原因谋业所开者耳。"[①]"凡国家之政治,风俗之变迁,中外交涉之要务,商贾贸易之利弊,与夫一切可惊可愕可喜之事,足以新人听闻者,靡不毕载"。[②] 以《申报》《新闻报》为代表的商业性报纸运用经商的理念管理报纸,开拓广告业务,将广告作为报纸营利的主要来源;重视发行,设置专门的发行部门,提高发行量;更新技术设备等。这些企业化经营管理的方式,突出营利、商业化的探索对于中国新闻事业的发展是一种进步。

第三节 媒介新技术与出版新格局

鸦片战争开始以后,西方传教士的出版机构开始进入中国,它们在印刷技术和经营理念等方面都和中国传统的出版机构有着很大的差异。在此之前,中国一直使用的是雕版技术和手工扑刷,而传教士的出版机构到了中国以后实现了中国文字和西方印刷术的融合,改变了中国出版事业的传统格局,催生了中国近代意义的出版机构,推动了中国出版的近代化进程,同时对近代报业的发展影响巨大。与传统雕版印刷相比后不难发现,由于媒介新技术的支持,晚清民国出版业呈现出产品数量多、印刷质量高、流通范围广、出版速度快、发行周期短、销售利润高等鲜明特征。

当然,媒介新技术本身并不能自动产生改造社会的力量,它们只有结合特定时期的人和思想的变革后,才可能产生巨大作用。所以应该通过与思想、社会运动相连接的叙述把媒介技术发展放到社会变革的聚光灯下,把问题焦点从过去对出版文本的解析转向对出版理念、编排生产、发行流通、资本竞争等问题的全面研究。

---

① 《申报》,1875 年 10 月 11 日。
② 《申报》,1872 年 4 月 30 日。

一、媒介新技术带来利润增加

洋务运动以后，印刷出版机构的印刷设备逐渐机械化。比如墨海书馆使用的铁制印刷车床可以双面印刷，并且印刷过程简洁快速，一天可以印刷 4 万张纸。蒸汽机取代了人工手摇后，印刷速度和数量更是大为提高，实现了多部印刷机同时运转。此后，由轮转机到"大英机"，无论是印刷速度还是印刷成本，每一次新技术改变都使得人们眼前一亮。

除了印刷设备的改进外，造纸技术的提高也为晚清民国出版能力的扩展奠定了重要基础。19 世纪后期，有相当规模的出版机构都要花费大量资金从国外进口纸张。到了 20 世纪初，印刷耗材进口量更是大幅增加。以当时的铅字印刷用纸为例，在光绪二十九年（1903 年），每年大约为几十万元，到了 1912 年时高达 344 万多元。[①]

印刷速度和质量提高以后，出版成本自然随之降低，产品利润也就增加了。例如同样一部《通鉴辑览》，木板雕印版 20 元一部，而铅印版定价只有二元几角，价格的竞争优势不言而喻。点石斋石印的《康熙字典》，两批共印刷 10 万部，很快就出售完毕。邹容的《革命军》"总共印刷二十多版，总发行量超过 110 万册，离上海远的地方，因为不易得到此书，竟然卖到十两银子一部"，[②]可以看出，巨大销量背后的利润自是相当可观。从售书额来看，根据《广学会第十一届（1898 年）纪略材料》的统计，1893～1898 年，广学会下属各省书店售卖西学图书的收入，从 1893 年的 800 余元增加为 1898 年的 1.8 万余元，5 年之内陡增 20 多倍。[③]

众所周知，商务印书馆最初总投资额仅为 3 750 元，1901 年张元济、印有模入股后，原股升值 7 倍。若不是印刷新技术带来的利润之丰厚，无论夏瑞芳等怎么开源节流，4 年间资本有如此巨大的增值恐怕也是不可

---

① 贺圣鼐：《三十五年来中国之印刷术》，张静庐辑注：《中国近代出版史料》（初编），中华书局，1957 年，第 278 页。

② 陈正宏、谈蓓芳：《中国禁书简史》，学林出版社，2004 年，第 269 页。

③ 孙文杰：《论晚清大众媒介传播机制的变革》，《中国出版》，2012 年 5 月下。

能的。

二、媒介新技术引致资本比拼

西方印刷术传入的同时带来了资本主义的管理体制和经营方式,改变了中国传统出版机构(书肆、书坊和官书局)长期以家庭作坊式和官办形式进行生产和经营的固有模式。晚清民国时图书出版机构形成了商业化运作模式,还出现了股份制和跨行业的经营方式。以商务印书馆为例,为了扩大自身的资本,提升自身的经营能力,它在 1903 年改组之时就采用了股份有限公司的形式,资本总额得以激增到 20 万元,相比 1901 年仅有的 5 万元资本,翻了 4 倍。而中华书局在创办之初只有 2.5 万元,在 1913 年股份制改组之时资本总额已经达到了 100 万元。

成本的低廉和利润的丰厚吸引了许多人投资出版业,也曾形成百花争艳的局面。在光绪年间上海新开设了大量的书店,它们均采用西方的印刷方式印制书籍。到了 20 世纪初,出版机构更是空前增多:1900~1911 年间仅出版小说的书局、书坊就有近 300 家。

不过,近代媒介技术的"出生证明"是由资本颁发的。出版机构的增多自然带来了出版业的激烈竞争,尤其是发行多、利润高的图书种类更为人觊觎,竞争日趋白热化,出版活动也从分散的零星运作逐渐转化为集约式的规模生产。从当时图书出版的大宗种类来看,对于教学用书、历代古籍、文艺小说等图书的需求最多,自然成为机械化加工力量竞争的首要目标。商务印书馆、中华书局、世界书局之间展开的新式教科书大战便是鲜明之例。表面看来,教科书大战是编辑思想、文化理念之间的竞争,归根结底,竞争的门槛在于能否拥有充裕的资金和现代化的图书生产能力。商务印书馆在合资改组之后,伴随资本量激增的同时,其技术力量也有了实质性的提升,掌握了凸印、平印以及凹印技术,并拥有了当时国际上最先进的印刷设备,从而很快跃居全国书刊出版商之首。

不同于雕刻印刷,上市的印刷品要求必须是高质量的,出版一部作品就需要很大的固定资产投入。生产之外,要向已经形成阅读习惯的雕版书挑战,在比较短的时间里产生比较大的销售量,这就意味着要构建一个覆盖较广的集推销、发货和付款于一体的专业销售网,而销售网络的建立也需要很大资金。① 出版业所蕴含的强大生产力和潜在的前景,使它成为新兴的资本热衷的市场,出版业的门槛也被逐渐抬高——转变为一个以技术变革来带动的资金集中的行业,各个矢量之间的暂时平衡被进入的资本不断打破。尤其在单纯的印刷技术问题得以解决后,唯有更为雄厚的资本才能滚雪球似的带来更大的利润空间。商务印书馆从创办之初的 4 000 元左右,到 1914 年资本总量膨胀为 200 万元,增长了近 500 倍,这都和它不断扩充资本、扩大企业规模的经营方式密不可分。

商务印书馆的《初小国文第一册》《最新之国文教科书》1905 年出版首发超过 10 万册。没有机械化的印刷生产能力是难以想象的,而传统宗族化的手工生产方式无法满足这一巨大要求,因此再也无缘教学用书的生产、销售,而这恰恰是图书系统中利润最丰厚的一部分。② 当时有的小型书局即使采用了全新的媒介技术,但由于资本不足,也难以从商务印书馆、中华书局这样的大书局那里分一杯羹。与商务印书馆同时代问世的书局,有记载的也有几十家,但最后大浪淘沙,能坚持而幸存者少,甚至连商务印书馆和中华书局在发展中都曾遇到过严重的资本危机。媒介技术革命引起了中国近代出版业的深刻变革,追逐利润最大化的资本法则开始主导出版业的发展。

三、媒介新技术影响内容编排

媒介形式影响甚至规定着出版内容。晚清民国图书的形式与内容都与其时的媒介技术发展息息相关。晚清"新式图书以近代印刷技术为物质手段,把近代出版奠基于新的机器生产力的基础之上,将近代出版拉入到机器文明的时代"。③

---

① 雷启立:《印刷现代性与中国现代文学的发生》,华东师范大学博士学位论文,2008 年。
② 何明星:《著述与宗族》,中华书局,2007 年,第 167 – 168 页。
③ 王建辉:《出版与近代文明》,河南大学出版社,2006 年,第 3 页。

从图书编排体例来看,由于新式印刷机和西方纸张的传入,传统的印刷技术和装订工艺受到了较大的影响。晚清时期传统工艺主要使用连史纸和毛边纸印刷书籍,单面印刷,实行折页齐栏线订的装订工艺;而西方纸张实行双面印刷,采用大张连折的装订工艺。以此为始,开创了我国现代平装书的形式,与之相对应,精装书也开始出现。这样,西式的印刷和装订方式开始动摇我国传统线装书的地位,代表着一种更新式和更现代的图书印刷装订工艺。

从图书内容的选择来看,由于媒介技术的发展使得晚清图书出版的成本降低,图书由士大夫的专利奢侈品降价屈尊,普通民众也能跻入读者之列。这样一来,图书成为大众文化的一般消费品。出版者在图书内容的选择上必须考虑普通民众的识读能力和理解水平。与图书唯一性地位一起丧失的还有文本的象征性和神圣感,正如哈贝马斯(Habermas)论及欧洲印刷书籍发展时指出的:"它们失去了其神圣性,它们曾经拥有的神圣特征变得世俗化了。"①

所以晚清小说的兴盛也就不难理解了。据《中国通俗小说总目提要》著录,在1840~1900年的60年时间里,平均每年只有不到三部小说出版,而在1901~1911年的10年时间里,平均每年有48部小说出版,足足增加了20倍左右。② 这表面上看是媒介新技术带来的出版业的变革,更重要的是,媒介技术的发展大大稀释了图书的传统价值,导致了无法挽回的传统文化精神的失落。

除此以外,在甲午战争中,清政府被蕞尔小国一击惨败的事实极大地震撼了当时先进的中国知识分子,西学似乎成为救亡图存的重要知识来源,在中国大地上掀起了一股学习西学的浪潮,而印刷新技术的迅速发展恰恰为这股西学浪潮提供了重要的技术支持。人们开始大量印刷出版各种关于西方知识普及的书籍,以满足广泛的社会需求。与此同时,中国传

① 〔德〕哈贝马斯:《公共领域的结构转型》,曹卫东译,学林出版社,1999年,第41页。
② 欧阳健:《晚清小说史》,浙江古籍出版社,1997年,第2页。

统典籍则受到了强烈的冲击。尤其在 1905 年科举制度被废除之后，大量以西方学科分类体系为圭臬的图书代替了以中国传统知识分类体系编排的图书，众多新式教科书的出版使传统的中国儒家经典走下了神坛。

四、媒介新技术改进发行流通

晚清民国时的大机器印刷取代了编、刻、售三位一体的传统书铺，逐渐改变了中国传统线装书的古老面貌，也改变了传统手工作业的组织形态。以宗族化伦理道德为价值观组织起来的传统的印刷生态和销售系统受到了巨大冲击。出版不再仅仅限于出版印刷事务本身，而是演变为资本甚至社会文化的变革，其生产过程中的物质性因素和商业性力量显而易见。

很多出版机构不仅出版图书，还出版报刊，并且集印刷、出版、发行于一身，形成三位一体的多功能文化产业。三者之间相互支持，书局为报刊提供印刷设备，报刊为书籍提供免费广告，单行本小说淘汰小说期刊中被读者厌弃的作品，对热销点则迅速进行市场反馈，[①]形成书局、报刊、小说的"三合一"组合。

对于图书的发行流通而言，信息传输及交通状况的改善也甚为关键。因信息不畅、交通不便造成的图书传递困难，在当时的发行中是常见现象。这一点不仅近代中国的出版人看到了，连他们的外国同行傅兰雅（Fryer）也是深有体会，他曾经指出虽然中国发行和出售的书籍数量不少，但和中国的人口相比，还是有很大的差距。而且中国的邮政系统和铁路系统落后，边远地区的人们购买书籍报刊相当困难，所以书的销量很难上去，只有改善信息传输和交通，才能改变这一状况。傅兰雅的话明白无误地告诉我们，交通的落后和信息的闭塞制约了图书的发行流通。

这种情况直到 19 世纪末 20 世纪初才有明显改观。由于电报电话、邮政系统和交通系统政出多门，管理混乱，为了协调发展，提高效率，1906 年清政府设邮传部。邮传部的设立，使电报电话等先进的媒介技术和邮政、

① 王燕：《晚清小说期刊史论》，吉林人民出版社，2002 年，第 60 页。

交通系统能够三位一体,为信息的传递和图书的发行提供良好的平台。各大书局在异地可以设立销售点,依靠报馆、书局现有网络进行销售,从而大大降低了出版成本。

五、媒介新技术需求出版法规

有出版事业才有出版法规,出版法规是随着出版事业的产生而产生的。作为西学东渐之产物,出版法规的制定亦是清末变法内容之一,如实反映了时代的特殊背景,也反映了其时新闻传播事业发展概况。那么晚清媒介技术的发展对官方出版法规的出台又有着何种影响呢?

媒介技术发展的前导性往往与传媒制度的滞后性发生着冲突。媒介技术的发展是近代社会变迁的重要动力和标志,它不仅推动人的现代化,而且通过各种有效的新的社会动员手段制造舆论,引起官方管制出版的连锁反应。

一方面,媒介新技术的采用使得出版成本大为降低。成本的降低自然带来了受众数量的增长,无形中又拓宽了出版的发展空间,刺激了人们参与出版的热情。阿英在分析晚清小说空前繁荣之成因时指出,印刷事业的发展使刻书印书变得容易,这是最为关键的因素。民间商办出版机构纷纷出现,打破了近代官办书局一统天下的局面,分析透彻、语言尖锐、切中时弊的书籍对清廷的旧有政策产生了巨大冲击,必然也与封建社会一以贯之的文化专制政策产生冲突。

20世纪之前的中国封建王朝尚未制定过专门的新闻传播方面的法律,清政府主要依照《大清律例》"造妖书妖言"条款进行严厉制裁。面对新形势,传统法规暴露出了重重弊病。于是有识之士不断呼吁学习西方近代法律,改革中国传统旧法,"如不改革,与外国一律,则终不得列于教化之邦,为守礼之国,不能入万国之法"。①

---

① 郑观应:《盛世危言·刑法》,夏东元编:《郑观应集》(上),上海人民出版社,1982年,第500页。

另一方面,印刷术的本质在于储存并大量复制信息,重复性是机械原则的核心。媒介技术的迅猛发展使书籍出版数量大大增加,并且可以将作品当作商品通过复制、销售等手段来获取经济利益,各种复制本打破了图书业内部原有的利益、结构的均衡,对权力进行了重新分配。19 世纪末 20 世纪初之际,盗版问题已是十分突出,但是并无相关出版法规加以规范,因此由随意翻印书籍而造成的版权纠纷时有发生。比如梁启超在上海创办的广智书局由于盗版问题,几至经营困难,"书局所印好书销行稍广者,无不为他局所翻印,贬价夺市,虽屡禀官究治,皆置之不理"。[1] 其实,对于盗版盗印现象,清政府官员倒不是不管,关键在于即使管,也无法可依,无规可循,难管之下很多时候只能不了了之。

直至"新政"时期,清政府才颁布了《大清印刷物专律》(1906 年 7 月)、《报章应守规则》(1906 年 10 月)等五部近代意义上的新闻法规。宣统二年(1910 年),清政府颁布了中国第一部著作权法——《著作权章程》。这一法律的颁布具有重要的历史意义,对于当时版权制度的确立是一个标志性的事件。它不仅可以对晚清时期混乱的非法书籍出版行为进行打击,又为正常的出版发行提供了法律保障。值得一提的是,晚清政府在苟延残喘之际还不忘出台一部规范出版行业的法律,当时印刷技术发展所引致的盗版盗印现象之严重程度可见一斑。

---

① 鲁湘元:《稿酬怎样搅动文坛》,红旗出版社,1998 年,第 140 页。

第二章

早期报人思想中的客观性因素

中国早期的先进知识分子在接触了西方的报刊以后，对西方报刊的功能与社会地位有了一定的了解，并开始了初步的报刊实践。尽管这些办报实践或夹杂着特殊的政治目的，或因其他政治势力的介入而最终夭折，但在早期的报刊实践中，这些报人形成了一些具有中国本土特征的办报观念。这些观念虽然是零散的、不系统的，却是我国早期报人于特定历史条件下在报纸认知方面所取得的巨大进步。他们在初步的报业实践过程中，能够意识到诸如报人的素质、报纸的独立性、真实性对于客观性的影响，可以说正是这些观念的不断累积，形成了早期国人的客观性思想。

第一节　工具与策略：梁启超的报刊客观性思想

作为中国早期著名的报人，梁启超从事报业的时间长达 27 年，他创办和支持过的报刊有 17 家之多，如《中外纪闻》《时务报》《清议报》《新民丛报》《新小说》《政论》《国风报》《庸言》《改造》等，他是清末民初影响最大的报刊政论家、宣传鼓动家。除了具有丰富的办报实践经历之外，梁启超还著有《论报馆有益于国事》《敬告我同业诸君》《〈国风报〉叙例》《中国各报馆始末》《中国各报存佚表》等新闻学专论，其中蕴含着他从西方新闻学理论中汲取的以及从办报实践中形成的丰富的新闻思想。

在西方，客观性不仅是一种报道规则，还是一种职业理想。在中国报业的早期发展阶段,客观性思想随着中国政治环境和报业环境的变化经历了一次变迁。梁启超的办报思想与其政治思想是密切相关的,且办报是其实现政治目标的一个重要工具,因此梁启超的新闻思想随着其多变的政治态度也不时发生着一些微妙的变化,甚至会出现前后矛盾的情况。但在他漫长的办报生涯中,报刊的客观性思想还是经常从其众多的新闻思想中凸显出来,是我们研究早期报刊的客观性思想时所无法回避的。

一、报人素质与客观性

从报纸对舆论的重要影响角度,梁启超论述了报人素质的重要性。他在《〈国风报〉叙例》一文中提出,报人要有"五本":一为常识。报馆及新闻从业人员应当具备丰富的知识,既要具备自然科学知识,又要具备社会科学知识;既要了解本国大事,又要了解世界大事;既要具备历史知识,又要关注现实;二为真诚。报馆及新闻从业人员以真诚的态度发表意见,要以国家利益为重,凭其良知发表观点,这样才能有助于健全舆论的形成;三为"直道"。"国之所贵乎有舆论者,谓其能为国家求多福而捍御其患也。是故有不利于国民者,则去之当如鹰鹯之逐鸟雀也。然凡能为不利于国民者,则必一国中强有力之分子也,故必有柔亦不茹,刚亦不吐,不侮鳏寡,不畏强御之精神,然后舆论得以发生"。[①] 因此,报人不畏强权、刚正不阿的精神对舆论的健康极为重要;四为公心。报馆及新闻从业人员不能以自己的好恶来判断是非善恶或怀有党派偏见,而是要站在公共立场上,超越党派之外,要以公众利益为评判标准来发表议论,这一点对于客观反映事件的本来面貌是极为重要的;五为节制。在新闻报道过程中,报馆及新闻从业人员一定要控制舆论的范围和强度,要有所节制,防止炒作所造成的狂热,否则会带来巨大的破坏性影响。

梁启超提出的常识、真诚、"直道"、公心、节制这"五本",除了"节制"

---

① 梁启超:《〈国风报〉叙例》,李华兴、吴嘉勋编:《梁启超选集》,上海人民出版社,1984年,第559 - 561页。

以外,都与报刊的客观性有着重要的联系。他认为,只有掌握丰富的常识,报道的新闻和发表的评论建立在丰富的知识基础之上,报人才能具有良好的判断力,报道或评论才能保证准确性、客观性;报人持有真诚的态度,从国家利益出发,具有不畏强权、刚正不阿的品格,对报纸保持客观的风格更为重要;公心可以使得报人能够站在中立的立场上,不党不偏,客观反映事实。此外,梁启超还在《〈时报〉发刊例》中对"论说"也提出了"公"的要求。他指出,立论时要做到"忠告",要以国家利益和公众利益为重,不附于一党一派之见,坚持客观公正的立场。[1]

在实践中,梁启超也以实际行动践行了他对报人所提出的要求。1915年,梁启超写了一篇题为《异哉所谓国体问题者》的文章,批评袁世凯企图恢复帝制的做法。袁世凯得知后,立即派人找到梁启超,要以 20 万银元巨款买下此文,但梁启超不为所动,毅然决然地发表了这篇著名的政论文章,体现了他不畏强权、刚直不阿、客观公正的办报态度。

二、报纸的独立性与客观性

除了报人的素质会影响客观性以外,梁启超认为,报纸地位的独立性也是客观性得以实现的重要保证:一方面是经济上的独立,这是报纸在其他方面实现独立性的前提;另一方面是言论独立,这是报纸独立性的主要表现。

梁启超十分看重报刊的经济独立,认为这是言论独立的前提,失去了独立的精神就失去了报刊起码的品格,因此经济独立是保证报刊"指导社会、矫正社会,而万不容玩弄社会、逢迎社会"这一天职的保证,是梁启超报刊客观性思想的重要内容之一。对此,他在《清议报第一百册祝辞并论报馆之责任及本馆之经历》第三部分《中国报馆之沿革及其价值》中曾有论述,他说:"以故报馆之兴数十年,而于全国社会,无纤毫之影响。大抵以资本不足,阅一年数月而闭歇者,十之七八。……《国民报》《开智录》亦铮铮

---

[1] 梁启超:《时报发刊例》,复旦大学新闻系新闻史教研室编:《中国新闻史文集》,第 67 页。

者也,而以经费不支,皆不满十号,而今已矣。此实中国数十年来报界之情状也……推原其所以致此之由,盖有数端:一、由于创设报馆者,不预筹相当之经费,故无力扩充,或小试辄蹶。"①办报的实践经历使梁启超明白,报馆要独立生存和发展,要实现言论自由,必须以经济独立为前提,经济上不能保证,客观性必然会受到影响。

在为《时事新报》发行五千号写的纪念辞中,梁启超感慨说:"吾侪从事报业者,其第一难关,则在经济之不易独立。报馆恃广告费以维持其生命,此为天下通义;在产业幼稚之中国,欲恃广告所入以供一种完善报纸之设备,在势既已不可能,而后起之报为尤甚。"②在梁启超看来,以中国的经济发展水平而论,要实现报纸的经济独立是十分困难的。然而,他又对报纸依靠其他势力获得经济支持的做法持反对态度。"同人等殊不敢以清高自诩,但酷爱自由,习而成性,常觉得金钱之来,必自势力,无论受何方面金钱之补助,自然要受该方面势力之支配;即不全支配最少亦受牵掣。吾侪确认现在之中国,势力即罪恶,既已滋愧,何忍更假言论机关,为罪恶播种受任何方面势力之支配或牵制,即与罪恶为邻。……吾侪为欲保持发言之绝对的自由,以与各方面罪恶的势力奋斗,于是乎吾侪相与自矢,无论经济若何困难,终不肯与势力家发生一文钱之关系"。《时事新报》的经营十分困难,"十年间,盖无一日不感受此种痛苦。力竭声嘶,不能支而思舍去者,不知几何次矣"。③

除去经济独立之外,梁启超还认为,报馆的言论独立是"有益于国人",发挥社会责任的前提。他在《庸言》特别启事中说,希望报馆能"极力保持言论独立精神,与一切个人关系及党派无涉"。④处身政党之中的梁启超,一直推崇"独立"的精神,认为"人而不能独立,时曰奴隶……国而不能独

---

① 梁启超:《清议报第一百册祝辞并论报馆之责任及本馆之经历》,复旦大学新闻系新闻史教研室编:《中国新闻史文集》,上海人民出版社,1987年,第48-49页。
② 梁启超:《本报五千号纪念辞》,《时事新报》,1921年12月10日。
③ 梁启超:《本报五千号纪念辞》,《时事新报》,1921年12月10日。
④ 梁启超:《本报特别启事》,《庸言》25、26期合刊号,1914年。

立，时曰附庸"，只有凭独立的精神，世界才能"长不灭而日进化"。尽管报章渐渐成为党派斗争的工具，而梁启超作为保皇派、立宪派的领袖，积极参与同革命派的论战，但他认为仍应坚持"不偏不倚"才能有益国事，"若怀挟党派思想，而于党以外之言论举动，一切深文以排挤之；或自命为袒护国民，而于政府之所设施，不问是非曲直，不顾前因后果，而一惟反对之为务，此皆非以沽名，即以快意，而于舆论之性质，举无当也"。① 在梁启超看来，报馆与政府地位上是平等的，"报馆者非政府之臣属，而与政府立于平等之地位者也"，②报馆的独立性对于报纸发挥其积极作用是极为重要的：

> 夫报之所以有益于国人者，谓其持论之能适应乎时事也；谓其能独立而不倚也；谓其能直陈利害，先乎多数人所未及察而警告之也；谓其能矫正偏颇之俗论，而纳诸轨物也；谓其能补多数人常识所未逮，而为之馈贫粮也；谓其能窥社会心理之微，针对发药，而使之相悦以解也；谓其对于政治上能为公平透亮之批评，使当局者有所严惮也；谓其建一议发一策，能使本国为重于世界，四邻咸知吾国论所在而莫敢余侮也。③

尽管梁启超认识到了报纸的独立性对于客观性有着不同寻常的意义，然而由于其本身政治取向所带来的局限性，使其在贯彻报纸独立性方面始终不够彻底。相比之下，在坚持独立办报、保持报纸客观性方面，与其同一时代的汪康年不仅在思想观念上更为坚决，在办报实践上也更胜一筹。

汪康年是中国较早的职业报人。在一生的办报实践中，他对报刊形成了诸多独特的认识，并已经产生了新闻专业主义思想的萌芽。作为民间报

---

① 梁启超：《〈国风报〉叙例》，见李华兴、吴嘉勋编：《梁启超选集》，第 560-561 页。
② 梁启超：《敬告我同业诸君》，见复旦大学新闻系新闻史教研室编：《中国新闻史文集》，第 55 页。
③ 梁启超：《〈京报〉增刊国文祝辞》，见梁启超：《梁启超全集》第五册，北京出版社，1999 年第 2822 页。

人,汪康年始终坚持独立办报,大胆发言,不为各种势力所操控,对报刊的客观性思想有着深入的见解。当时的社会环境不利于报纸的经济独立,但是通过募捐、广告、发行等方式,汪康年的报纸经营取得了成功,其创办的报纸没有因为经济原因而影响正常运行,这比起梁启超经常为办报经费而苦恼多了些从容。独立的经济地位也使其始终秉持了"商款商办、民间办报"的方针,报纸避免了因经济的不独立而带来的言论不独立,为报纸客观、公正报道事实,反映社会打下了良好的经济基础。

在报纸的运行过程中,汪康年也一直努力确保报纸的政治独立,不为外部势力所操控。汪康年在创办报纸的时候得到了张之洞等人的帮助,在报纸发行等方面也得到了一些官员的支持。尽管如此,但他还是通过各种方式逐步摆脱朝廷对报纸的控制,因为他认为站在民间客观的立场上对政府进行监督是报刊的责任。他曾在《京报》发刊首期中指出,甲午战争以后,"顾报章虽多,然于时事多未敢深论,论之或辄至狭咎"。因此,他创办《京报》的目的是"处今之时,合同志结团体,力纠政府之过失,以弭目前之祸,犹惧晚也,遑恤其他"。① 汪康年的报纸先后得罪过庆亲王奕劻、两江总督端方等人。创办《刍言报》时期的汪康年已是一个职业的批评家,他目光犀利,公正不阿,从权贵到民间人士,一律抨击不误;他具有独立见解,从不人云亦云。②

为了保持报纸的独立地位,汪康年想方设法,甚至抵制光绪皇帝的诏令。康有为为了让梁启超取代汪康年担任《时务报》总理,上书光绪帝欲将《时务报》改为官报,命梁启超督办其事。汪康年上书朝廷说明《时务报》是其筹款所办,由民间集资而成;同时在《国闻报》上发表声明,声明《时务报》是其个人创办,因"时务"二字为钦差专享,愿将报纸更名为《昌言报》,《时务日报》改名为《中外日报》,清政府被迫派黄遵宪回上海处理报纸归属问题,最后因戊戌政变爆发而结束。可见,汪康年视报纸的独立地位为生

① 汪诒年:《汪穰卿先生传记》,中华书局,2007年,第119页。
② 廖梅:《汪康年:从民权论到文化保守主义》,上海古籍出版社,2001年,第353页。

命,不惜抗旨以保持报纸的独立。与梁启超相比,汪康年的办报活动体现出了一种强烈的独立精神和批判意识。

三、史家精神与报刊的客观性

1902 年,梁启超在《敬告我同业诸君》中论及办报的"史家精神"。① 他说:

> "西哲有言:'报馆者,现代之史记也。'故治此业者,不可不有史家之精神。史家之精神何? 鉴既往,示将来,导国民以进化之途径者也。故史家必有主、客观二界。作报者亦然。政府人民所演之近事,本国外国所发之现象,报之客观也;比近事,察现象,而思所以抽绎之发明之,以利国民,报之主观也。有客观而无主观,不可谓之报。主观之所怀抱,万有不齐,而要之以向导国民为目的者,则在史家谓之良史,在报界谓之良报。"②

首先,史家精神要求办报要对历史负责。真实是历史的生命,梁启超提出办报要有史家精神,即要求报纸要有真实性,今天的报纸就是明天的历史,报纸要对历史负责。梁启超对当时报人信口雌黄、妄论是非的状况十分不满。1904 年他撰《〈时报〉发刊例》指出:"本报纪事,以正为主。凡攻讦他人阴私,或轻薄排挤,借端报复之言,概严屏绝,以全报馆之德义。"③

其次,史家精神中有着正直、独立的思想内涵。史学家刘知几认为,史才"犹须好是正直,善恶必书,使骄主贼臣,所以知惧,此则为虎傅翼,善无可加,所向无敌矣"。④ 因此,梁启超提出的史家精神是建议报纸不畏强权、言论独立,敢于客观公正地报道社会现实。这一观念在当时也为诸多

---

① 关于"史家精神"原文有更详细的论述,这里让要谈其与"报刊的客观性"的内在相关性。
② 梁启超:《敬告我同业诸君》,引自复旦大学新闻系新闻史教研室编:《中国新闻史文集》,第 56 页。
③ 梁启超:《〈时报〉发刊例》,《时报》,1904 年 6 月 12 日。
④ [后晋]刘昫:《旧唐书》,吉林人民出版社,1995 年,第 2012 页。

学者和报人所认同。

谭嗣同认为报纸是民史，他指出："新会梁氏，有君史民史之说，报纸即民史也。彼夫二十四家之撰述，宁不烂焉，极其指归，要不过一姓之谱牒焉耳。于民之生业糜得而详也；于民之教法糜得而纪也；于民通商、惠工、务材、训农之章程，糜得而必录也，而徒专笔削于一己之私，滥褒诛于兴亡之后，直笔既压累二无以伸，旧闻遂放失而莫之恤。谥之曰官书，官书良可悼！不有报纸以彰民史，其将长此汶汶暗暗以穷天，而终古为喑哑之民乎。"①

章太炎曾在《实学报叙》中说："夫报章者，诚史官之支与余裔也。"②1912 年，章太炎在《〈新纪元报〉发刊词》中对"史家办报"思想作了进一步的阐释："日报之录，近承乎邸钞，远乃与史官编年系日者等""今史官既废不行，代有日报"③。

蔡元培在为徐宝璜的《新闻学》所作的序言中说："余惟新闻者，史之流裔耳。古之人君，左史记言，右史记事，非犹今之新闻记某某之谈话若行动乎？'不修春秋'，录各国报告，非犹今新闻中有专电通讯若译件乎？由是观之，虽谓新闻之内容，无异于史可也。"④

胡政之对于新闻记者与史官的关系也有着独特的见解。他在《中国新闻事业》一文中指出，新闻记者与昔之史官不无相同点，惟史官多记载皇帝之起居，新闻记者多叙述民众之生活。史官应有不畏强权之精神，不惜杀身成仁之意志，而兼具才学识，新闻记者正亦如此。⑤

由此可见，对于新闻和历史、新闻记者和史学家，早期的学者和报人有着相似的看法，即新闻和历史之间、新闻记者和史学家之间存在着相似之

---

① 谭嗣同：《〈湘报〉后叙》，见《谭嗣同全集》，中华书局，1981 年，第 419 页。
② 章太炎：《实学报叙》，见汤志钧编：《章太炎政论选集》（上），中华书局，1977 年，第 30 页。
③ 章太炎：《〈新纪元报〉发刊词》，见汤志钧编：《章太炎正论选集》（下），第 600 页。
④ 蔡元培：《蔡序》，见肖东发、邓绍根编：《徐宝璜新闻学论集》，北京大学出版社，2008 年，第 41 页。
⑤ 胡政之：《中国新闻事业》，见黄天鹏：《新闻学刊全集》，《民国丛刊》第二编第 48 卷，上海书店，1990 年，第 243 页。

处——可以用写史的方式记录新闻,新闻记者应该具备史学家的某些素养。

可以说,史家精神是对梁启超报刊客观性思想的一个很好的概括。梁启超首倡"史家精神"之后,许多报人纷纷响应,主张以史家的态度办报,并结合各自的办报经验和办报理念深化了史家精神的内涵,其中最有代表性的就是史量才。史量才继承了中国传统史学观,不断完善"史家精神",最终创立了为后人所称道的"史家办报"模式。①

四、理论与实践上的冲突

近代报刊传入中国以后,具有开明思想的中国人将其作为一种新事物,逐渐接受、利用并将其发展到了初步的规模。早期的国人在办报中形成了一些先进的思想、理念:他们要求报纸具有独立的地位,要求报道真实客观、注重平衡、反对党报思想,形成了初步的报刊客观性思想。然而,由于这一时期特殊的历史条件以及参与办报国人自身的一些认识局限,这一时期所形成的报刊客观性思想还存在着不少缺陷,甚至在理论与实践上是存在矛盾的。梁启超作为早期报人的代表,这些缺陷与问题在他身上表现得更为集中和突出。这主要表现在两个方面:

一是客观性与报刊宣传之间的冲突。梁启超在办报时主张应有史家精神,不仅要保证报纸有真实性,同时报纸应该不畏强权,言论独立。在《〈时报〉发刊例》中,他写道:"本报纪事,以确为主。凡风闻影响之事,概不登录。若有访函一时失实者,必更正之……本报纪事,以正为主。凡攻讦他人阴私,或轻薄排挤,借端报复之言,概严屏绝,以全报馆之德义。"②但在实际的办报活动中,梁启超的政治观点处于不断的变动之中。从维新到接触革命思想,从革命到保皇,从保皇到立宪,这些变动都直接反映在了其所办的报刊之中。以其主办的《清议报》为例,他在该报上的言

---

① 董天策、谢影月:《"史家办报"思想探究》,《新闻大学》,2006 年第 2 期。
② 梁启超:《〈时报〉发刊例》,见复旦大学新闻系新闻史教研室编:《中国新闻史文集》,第 67 页。

论,最初表现出的是戊戌变法后的悲观情绪、对清政府和慈禧太后的抨击。为了配合自己的观点,有时甚至是与客观性相悖的,在其言论中存在不少欺骗性的宣传。在《与严幼陵先生书》中,梁启超甚至说道:"非不自知其不可,而潦草塞责,亦几不免。又常自恕,以为此不过报章信口之谈,并非著述,虽复有失,靡关本原。"①在实际办报过程中,梁启超的做法也经常与其真实、客观的观念相背离。所以,梁启超尽管曾以报业领袖的身份在新闻界叱咤风云,但当他于1903年公开反对群众革命斗争,为了攻击对立方不惜歪曲事实、造谣中伤的时候,新闻报道和言论已经逐渐丧失了存在的起码条件——真实性,这也是梁启超领导的《新民丛报》后来在与革命派论战中失败并导致该报倒闭的重要原因之一。而这种注重操纵舆论、强化宣传效果却忽视新闻真实性——将宣传凌驾于新闻之上的做法,对后来办报者只灌输某种思想与精神而忽略新闻真实性与客观性的政治功利思想产生了一定的影响。②

　　梁启超在《新民丛报》创刊号的《本报告白》中宣布了三条办报宗旨:一、"本报取《大学》'新民'之意,以为欲维新吾国,当先维新吾民。中国所以不振,由于国民公德缺乏,智慧不开。故本报专对此病开药治之。务采合中西道德以为德育之方针,广罗政学理论以为智育之原本。二、本报以教育为主脑,以政论为附从。但今日世界之所趋重在国家主义之教育,故于政治,亦不得不洋。惟所论务在养吾人国家思想,故于目前政府一二事之得失,不暇沾沾词费也。三、本报为吾国前途起见,一以国民公益为目的,持论务极公平,不偏于一党派;不为灌夫骂座之语,以败坏中国者,咎非专在一人也;不为危险激烈之言,以导中国进步当以渐也。"③可见,梁启超主张语言平和、适度,具有初步的新闻专业主义特点。

　　然而,为了达到更好的宣传效果,梁启超主张使用激烈的言论,或用"骇"的手法来实现宣传目标。在《敬告我同业诸君》中,梁启超说道:"故

---

① 梁启超:《与严幼陵先生书》,见李华兴、吴嘉勋编:《梁启超选集》,1984年,第39页。
② 雷蕾:《徘徊在理想与现实的关口》,湖南师范大学硕士学位论文,2005年,第32页。
③ 梁启超:《本报告白》,《新民丛报》1902年2月8日。

某以为业报馆者既认定一目的,则宜以极端之议论出之,虽稍偏稍激焉而不为病。何也? 吾偏激于此端,则同时必有人焉偏激于彼端以矫我者,又必有人焉执两端之中以折衷我者,互相倚、互相纠,互相折衷,而真理必出焉。若相率为从容模棱之言,则举国之脑筋皆静,而群治必以沈滞矣。夫人之安于所习而骇于所罕闻,性也。故必变其所骇者而使之习焉,然后智力乃可以渐进。"①梁启超认为,只要能够达到好的宣传效果可以采取极端的手段,只要这种手段适合受众的心理需求,可以牺牲新闻的客观性。梁启超的这一做法充分体现了当时的时代特点——近代国人办报具有强烈的现实性和功利性,只要能够实现其政治目标,新闻的客观性观念会自然地落入服务政治目标的窠臼里,缺乏西方对这一思想观念价值合理性的思考。

二是客观性与党性之间的冲突。梁启超在流亡日本之后,对西方新闻业的认识更加深刻。他看到了日本、欧美各国报纸在宣传、选举中的巨大作用,开始认识到报纸作为政党工具的巨大作用。他在《〈清议报〉一百册祝辞并论报馆之责任及本馆之经历》中写道:"有一人之报,有一党之报,有一国之报,有世界之报。以一人或一公司之利益为目的者,一人之报也;以一党之利益为目的者,一党之报也;以国民之利益为目的者,一国之报也;以全世界人类之利益为目的者,世界之报也。"②

尽管梁启超认为《清议报》居于党报和世界报之间的位置,并且他也希望该报能朝着世界报的方向前进,但在实际的办报实践中他却很难做到,他总是将党性凌驾于客观性之上。梁启超的政治本位思想从其报纸中的论说和新闻报道的比重就可以看得出来,其政治主张的阐述与宣传,对封建制度的抨击都主要是通过政论来实现的,新闻报道在报纸中多处于弱势地位。他在报道事实和提供意见时,往往也是以政党的立场来选择、报道与评价新闻事实,不愿意听到不同立场的声音。

---

① 梁启超:《敬告我同业诸君》,见李华兴、吴嘉勋编:《梁启超选集》,第 336 – 337 页。
② 梁启超:《〈清议报〉第一百册祝辞并论报馆之责任及本馆之经历》,见复旦大学新闻系新闻史教研室编:《中国新闻史文集》,第 53 页。

1904 年 6 月,康有为、梁启超出巨资,狄葆贤在上海创办了《时报》,由狄葆贤来主持日常事务。康、梁欲把《时报》办成保皇党在内地的"机关报"。但狄葆贤却以"革新代表舆论之报纸"为己任,希望把《时报》办成一份全新面目的日报,并且不愿与康、梁的政闻社走得过近。梁启超指出:"吾党费十余万金以办此报,今欲扩张党势于内地,而此报至不能为我机关,则要来何用,无怪诸人之愤愤也。"①梁启超坚决主张派徐勤前往"整顿",后康有为、梁启超因感该报不能为其党派所控制,而收回股金,《时报》遂归狄葆贤独营。在《民报》和《新民丛报》两派之间的论战中,梁启超作为保皇派唯一的应战者,其党性思想更是体现得淋漓尽致。可以看出,在梁启超所办的报纸中,党性是居于客观性之上的。

五、作为工具与策略的客观性

西方的新闻理念随着报业传入中国,国人开始认识到报刊在启发民智、开通风气、宣传政治主张等方面的巨大作用。早期国人在看到了英国《泰晤士报》在西方的社会地位后羡慕地发出感慨:"英国之泰晤士,人仰之几如泰山北斗,国家有大事,皆视其所言以为准则,盖主笔之所持衡,人心之所趋向也。"②可见,早期报人希望将报刊及其所附带的客观性理念作为一种工具和策略,期望能通过报刊对社会产生影响,实现自己在政治上的追求。

通过考察中国早期报人从事新闻事业的过程可以发现,传统儒家思想中的实用理性始终起着支配作用,对现实政治的关照则具体指引着其对西方新闻理念的选择和认知。早期的王韬在考虑现代报纸的作用时就提出:"辅教化之不及也。乡里小民不知法律,子诟其父,妇谇其姑,甚或骨肉乖离,友朋相诈,诪张为幻,寡廉鲜耻,而新报得据所闻,传语遐迩,俾其知所

---

① 梁启超:《与夫子大人书》,见丁文江、赵丰田:《梁启超年谱长编》,上海人民出版社,1983 年,第 432－433 页。
② 王韬:《论日报渐行于中土》,见王韬:《弢园文录外编》,中华书局,1959 年,第 206 页。

愧悔,似亦胜于间胥之觚挞也。"①"其益于国事如此,故怀才抱德之士,有昨为主笔而今作执政者,亦有朝罢枢府而夕进报馆者,其主张国是,每与政府通声气"。② 王韬主张办报"义切尊王",以此达到"强中以攘外,谀远以师长"的目的。不管是王韬的《论日报渐行于中土》,还是梁启超的《论报馆有益于国事》,其中表达的皆是报纸之于政治的巨大作用,他们考虑的多是如何使"君恩得以下逮""民隐得以上达"。所以这一时期的报人多将报纸和政治、国事联系在一起,在他们眼中报纸是"国之利器,不可假人",是"天下之枢铃,万民之喉舌"。报纸的政治实用价值受到极大重视,现代报纸得以产生的整个社会的经济政治背景则被忽略了,以致对西方报纸在社会中的地位的描述中,出现了不少用中国眼光看世界而带来的差误。③

由于政治出发点和实用理性的主导,新闻事业包括新闻事业所蕴含的各种理念诸如新闻自由、客观性、真实性等都被国人以自己的方式进行了诠解,并使之服务于政治、国事等传统士人所追求的目标理想。早期很多报人首先把自己当作是一个以改造社会、振兴国家为己任的政治家,然后才是一个报人。在某种程度上,社会政治理想构成了早期报人新闻思想的根据,并通过与西方新闻思想的嫁接,成为他们新闻思想的重要内容。

中国早期报人不仅把客观性作为实现政治理想的工具,也将之作为一种现实斗争的策略。中国的封建社会历来重视"言禁",直到清政府的新政时期,"言禁"才逐渐放开,民众具有了创办报刊的自由权利,但其间也存在着控制与反控制之间的不断斗争。早期报人逐渐认识到办报宣传的重要性,开始在国内积极开展办报与宣传活动。在办报的过程中,与客观性相关的诸多因素诸如言论独立、报纸独立等成为早期报人争取办报权利的斗争策略。

早期报人在争取报纸独立地位的时候,指出报纸具有与政府平等的地

---

① 王韬:《论各省会城宜设新报馆》,《申报》,1878 年 2 月 19 日。
② 梁启超:《论报馆有益于国事》,见李华兴、吴嘉勋编:《梁启超选集》,第 24 页。
③ 陈力丹:《论中国新闻学的启蒙和创立》,《现代传播》,1996 年第 3 期。

位。梁启超在论述报刊与政府的关系时指出："报馆者,非政府之臣属,而与政府立于平等之地位者也,不宁唯是,政府受国民之委托,是国民之雇佣也,而报馆则代表国民发公意以为公言者也。"[1]这时,梁启超所谈到的客观性因素——"地位平等""公言"是作为争取言论自由权利的策略而被提出的。梁启超还提出报纸的"两大天职"说——"某以为报馆有两大天职:一曰对于政府而为其监督者,二曰对于国民而为其向导者是也"。[2] 他认为,政府没有权力不能成事,但是权力也需要制衡,受到监督,否则就会滥用职权,所以需要报纸作为"国民公意"监督政府,对"政府人民所演之近事,本国外国所发之现象,报之客观也",[3]这时候客观性是作为争取报刊独立、合法社会地位的一种策略而存在的。除此之外,在办报的过程中,客观性也经常被作为发表意见的策略而使用。

　　梁启超报刊客观性思想的这些缺陷或者说局限性,是由当时特定的时代背景和历史环境造成的。早期的中国报业产生于内忧外患、国家积弱的社会背景之下,奋发图强、变革维新、反抗侵略是当时社会迫切需要解决的问题。而正是在这一过程中,西方报刊的传入使得早期报人认识到了报刊在启蒙思想、参政议政等方面的巨大作用,这为一心报国图强的知识分子提供了一个工具,同时这也十分符合传统士人立言报国的政治路径选择。报刊成为宣传政治主张、救亡图存的有效手段,因此中国早期的报刊必定为政治理想、救亡图存等外衣所包裹,早期报人的新闻理念也必定为崇高的政治目标所催动,有关新闻事业的思考始终无法脱离政治理念这个核心。因此,"中国这种特有的政治文化背景,使得中国新闻事业从来就不是真正意义上的信息传播媒介,而主要是作为阶级斗争的工具出现和存在

---

[1] 梁启超:《敬告我同业诸君》,见复旦大学新闻系新闻史教研室编:《中国新闻史文集》,第55页。

[2] 梁启超:《敬告我同业诸君》,见复旦大学新闻系新闻史教研室编:《中国新闻史文集》,第54页。

[3] 梁启超:《敬告我同业诸君》,见复旦大学新闻系新闻史教研室编:《中国新闻史文集》,第56页。

的"。① 另外,早期报人所接受的教育多为儒家的传统教育,深受传统道德观念的教化,"修身齐家治国平天下"的积极入世态度是当时所有先进知识分子共同的人格理想,新闻事业在其心目中只是其作为实现民族、国家利益的工具。在西方思想大量涌入的时代,早期报人的思想受到大量新思想的"冲击",甚至没有充足的时间来思考,只要是对其政治目标有用,就会加以肯定、宣传。这使得其在理论逻辑上常常会陷入混乱,甚至在实践上会出现矛盾,早期报人的办报理念和办报实践已经证实了这一点。

以梁启超为代表的早期报人在接触西方报业和自己独立的办报实践中,对于报刊客观性的认识和了解还存在很多缺陷和不足,但是在特定的历史背景和自身认识框架下已经是很大的进步,对此我们应该历史地看待。

第二节　职业化：汪康年对报刊客观性的认知

汪康年是清末资产阶级维新派的重要人物之一,其一生以办报、传播新思想为主要活动。汪康年曾担任湖广总督张之洞孙辈的家庭教师,在此期间,他通过各种机会结识了诸多友人,社交范围不断扩大,已突破江南的士大夫群体。此时,汪康年虽不具备较强的影响力,但这一时期却是他形成全国性影响力的力量积聚阶段。同时,这一时期,他凭借出色的社交能力建立了广阔的人脉关系,也为以后从事新闻事业打下了良好的基础。

甲午战争后,报纸、新闻舆论的地位日益重要,而中国人自己办的报纸却寥寥无几,且仅有的一些报纸往往只是迎合时趣,很少提供适合社会公众阅读的新闻,不仅不能释疑解惑,反而淆乱视听,使舆论混乱。种种情势使汪康年决定创办一份中国人自己的报刊。他最初打算出版译报,"以翻译西方报刊书籍、介绍西方知识为主"。② 1896 年,他与黄遵宪、梁启超等

---

① 黄旦、严慧颖：《从新闻史看新闻宣传与新闻失实》,《新闻界》,1998 年第 3 期。
② 汪康年：《汪康年师友书札》（一）,上海古籍出版社,1987 年,第 385 页。

人在上海创办《时务报》，并担任经理一职，以此为起点，揭开了汪康年办报活动的序幕。从《时务报》开始，汪康年还先后主办过《昌言报》《京报》《刍言报》等。

在其一生的办报生涯中，他极力保持自身作为一个民间报人的角色，努力摆脱来自政治、经济方面的各种现实阻碍。他以其自身广阔的社会关系，既在某些时候寻求多方的帮助，又清醒地意识到报业本身不能为任何势力所控制。基于这种认识或作为一个报人的职业信仰，在当时复杂的社会环境中，他始终与各方势力保持着微妙的关系，又对职业底线严格把守，做到了保持独立，大胆敢言。其一生的丰富政治活动和办报经历也使他在多方面对报纸的编辑工作形成了特定认识。

一、报刊应保持独立

（一）经济独立

汪康年坚持认为经济独立是报纸独立的重要前提。尽管当时各种政党报刊是中国报业的主流，同时社会经济的发展程度也还不足以将报业全部推向市场，这种政治经济环境是不利于保持报刊的独立经济地位的。很多报刊、报人在创办之初都是标榜独立，然而由于政治势力渗透、经济压力困扰等原因，最终沦为政治的附庸，成为政治宣传的工具。但汪康年还是通过商业化运营、募捐等方式，为报纸赢得了独立的经济地位，使报纸保持独立风格有了基本的前提。汪康年所办的六份报纸，没有一份使用官方拨款。《时务报》创办时除使用强学会1200两的余款之外，其余经费均来自募捐。汪康年经过多方拓展，在全国九地设立了15处代收捐款点，并每隔半年左右在报刊上公开收支账目。除此之外，还动员朋友捐款支持报馆，《时务报》发行两年中一直受到社会各界的捐助。

除募捐外，汪康年还注重报纸的商业化经营，广告是最为有效的方式。他所经营的《昌言报》公开刊载广告的启事："两行起码，一次五元，三次十三元五角，九次三十五元，十八次六十三元，三十次一百十四元。"另一份报纸《时务日报》也有广告刊登业务,并将刊登广告提升到了报纸章程的高度。无论是聚会告白、同行会议还是寿筵喜筵,报纸都可予以收费传播,并同样采取明码标价的方式。广告作为报刊职业化的重要标志,已成为现代报刊最主要的经济运营方式之一,汪康年的广告经营行为和理念甚至早于以报业经营而闻名的史量才等人,这一理念对于推动中国报业走向职业化和专业化起到了重要的作用。

报纸的发行量是广告的基础,汪康年也充分认识到了这一点。但当时的中国社会人口城市化程度不高,受众较为分散,有些甚至处于穷乡僻壤,给报刊发行带来了诸多不便。汪康年十分重视报纸的发行,通过直接寄送、设立派报处等方式,提高报纸发行量,增加报馆收入。事实上,中国也是在 1920 年以后才开始有更多的报刊注重发行,并逐渐建立起有效的发行制度的。有效的发行制度不仅可提高发行量,且对于培养受众的忠诚也至关重要,因媒介获得的便捷程度会直接影响到受众对媒介的选择,汪康年的这一做法也是走在其他报人前面的。

总之,汪康年开拓性的报刊经营手段保证了其创办的多份报刊经济无忧,不需牺牲独立地位来换取经济利益,始终坚持了"商款商办,民间办报"的方针。在经济独立的基础上,汪康年的报刊也努力向独立报刊的更高层次迈进,即言论独立,客观公正地报道事实,记录社会的真实发展状态。

(二) 言论独立

当时许多国人办报,为免于受到清政府言禁政策的限制,纷纷聘请洋人担任报刊的发行人,从而寻求外国势力的保护。汪康年在创办《时务报》时也有人建议采用这种方式。然而,这种报纸的独立性有时会受到洋人的影响,为防止受到限制,汪康年拒绝了寻求洋人做发行人的建议。可见,从报纸的创办阶段起,汪康年就已开始注意保持报纸的独立地位。

言论独立历来为中国知识分子所推崇,中国早期的著名报刊无论是《申报》还是《大公报》无一不提倡报纸的言论独立。报刊运行过程中,汪康年也一直努力确保报刊的言论不受他人左右。为保证报刊发表独立的言论,汪康年反对康有为、梁启超等人所宣传的党报思想。在梁启超参与创办《时务报》时,就是将其作为维新派宣传变法维新的言论工具。汪康年认为报刊应在言论上保持独立,坚持民间立场,因此他希望自己主持的报刊能够对政府进行适当的监督,提出合理的建议。他希望自己处于国家和社会之间,通过舆论监督的方式,保证国家和社会有着畅通的沟通渠道,促进国家和社会的有机运转。汪康年曾在报刊上发表文章表示,虽然甲午战争以后中国的报纸在数量上开始增多,但出于各种顾虑,多数报纸对于社会时事问题并不敢发表过多的意见,这就失去了报纸作为社会公器的意义,就不能够引导社会形成健康的舆论环境。因此,汪康年曾指出他创办《京报》的目的是"处今之时,合同志结团体,力纠政府之过失,以弭目前之祸,犹惧晚也,遑恤其他"。① 1908 年《中外日报》因揭发江苏新兵枪毙平民及南京军政警政的腐败罪行,得罪两江总督端方等人,苏松太道蔡乃煌想趁此机会与报馆约法三章,以此来限制报刊的言论,并试图对报刊进行控制。汪康年严正回答"此腕可断,此稿不能照缮也"。可以看出,汪康年的办报活动体现出了一种强烈的批判意识。

二、报道应真实、客观

汪康年十分重视新闻的真实性,认为新闻须首先是真实的,"事必求其确实",②对于新闻应尽量确定其真实性再来刊登,否则报纸是要负责任的。更不能为了达到耸人听闻的效果,添油加醋,捏造事实,"不宜捏添事实,以惊动社会"。这一点,汪康年和梁启超有很大的不同。梁启超主张为实现好的宣传效果,可使用"骇"的方法,他认为报刊稍稍偏激一些是有必要的,自己偏激于这一端,必然会有人偏激于另一端,也必然会有折中者,这样可促进真理的产生。可以看出,为达到好的宣传效果,梁启超主张采取极端的手段,只要这种手段适合受众的心理需求。然而这种做法的弊端

① 汪诒年:《汪穰卿先生传记》,中华书局,2007 年,第 119 页。
② 汪康年:《汪穰卿笔记》,上海书店出版社,1997 年,第 62 页。

就是完全忽视了真实性的原则标准。事实上,梁启超的这一认识充分体现了当时的时代特点,即当时国人办报多出于现实性和功利性的考虑,只要有利于实现政治目的,报刊的真实、客观等要求是可以被抛弃的。而汪康年却始终恪守自己的职业底线,他在《时务日报》章程中明确规定了稿件的选择标准:对于事实性的文章,要求报刊要选择重要的新闻进行刊登,同时要有依据,道听途说类的新闻要坚决摒弃;对于言论性的文章,要言简意赅,观点远大而准确。

除真实以外,公正、客观也是汪康年的重要办报思想。他认为,报刊应具有不偏不倚的立场,发表平衡、公正的言论,不能够将个人好恶等感情色彩带入新闻报道之中。他在《刍言报》中指出,若因办报者个人喜欢或者是和自己相关,即便报道对象很差,也去赞扬他;相反,若因办报者个人不喜欢或受到别人指使,即便报道对象非常好,也去诋毁诬陷他,这种行为应是报刊绝对禁止的。汪康年的政论文章,最大特色是不为同时期言论所左右,单独思考,冷静分析,注重提出独到见解;另一个特色是"注重合乎客观实际,议论之处提倡适时适宜,不为私人感情所动,注意公众利益";"意恳言诚,通顺易懂,双边分析,持论较客观"是汪康年政论的第三大特色。尤其是他晚期的政论,言词平稳,析事客观,说理平易近人,批评时政也注意措辞圆熟与稳妥,用语浅白,比较通俗易懂,但也有发人深思的力度。[①] 严复曾致书称赞:"每《刍言报》出,读其议论,如渴得水,如痒得搔,果社会尚有一隙之明,得贤者苦口良药,略以挽颓波,制狂吠,则真四万万皇人之福耳。复从昔年以反对抵制美货之议,大为群矢之的,自兹厥后,知悠悠者不可以口舌争,无所发言,为日盖久。"[②]

三、自律并接受监督,以保证公信力

在长期的办报实践中,汪康年对报纸和舆论的重要影响力有着深入了

---

① 刘惠文:《王韬、梁启超、汪康年办报活动之比较》,《新闻知识》,1991年第3期。
② 王栻:《严复集》(三),中华书局,1986年,第510页。

解:"报纸监督政府者也,监督社会者也。其立志至尊,其处地至崇,其握权至高,其力之所至,至普遍迅疾。"①社会舆论的正确与否关系国家的治乱,因此对于报道失实和舆论错误的情况应给予重视。汪康年提出报纸应自律,作为舆论机关的代表,它的一言一语,都会对社会产生重大影响,如果倚靠社会对其信任,而不珍惜自己的名誉,丧失了自身的价值观,"信笔书之,率臆言之",那么将最终丧失公众的信任。所以,报纸如果长期报道失实,舆论错误,将会逐渐丧失公信力。"身未亲历其境,欲求真实之情,持平之论,难矣。然而有言论之责者,固不可不详慎也,不可不公平也。道听途说,其事苟涉可疑,则与其登载而不实,毋宁缺疑之为愈也。尤不可略涉偏袒,而信笔书之,过爱新奇而率臆言之也"。②

　　汪康年提出为保证报纸能客观公正地报道事实,正确引导舆论,同时也为保证报纸的公信力,应对报纸进行监督,"报馆而无监督,则凡奸慝金壬,皆得借以济其所欲,将以其倾邪不正之言诬惑社会,簧鼓人心。不特此也,又将借社会之力,以成己之所志,而去己之所忌。则报之为物,乃反以祸人家国矣"。③ 因此,汪康年指出报纸的自由不是随意的,是应受到限制的。他在《刍言报》中撰文指出:"报章之自由,固有无如今日吾国之京城者,上自王公,下至编氓,任意诋毁,莫或过问,甚至加人以极不堪之名目,诬人以无理由之事实,或形容闺闱,或演说隐匿,而莫或与辨,一任诪张,吾谓言论自由,此为最矣。虽然,此非正理也。凡有法之国,其范围一切,皆极严密,虽保护言论之自由,然若出于捏造诬指,则所以罚之者亦极厉。……盖必如是,而报馆之言论不敢不正确。言论正确,则社会之对于报纸,不敢不尊重,是则取缔之严,实所以重视之也。"除自律外,报刊也应接受社会监督,甚至可对报纸的错误行为进行惩罚,这些措施都是保证报刊公正客观的有效手段。

　　通过以上论述可以看出,汪康年的办报活动和报刊编辑思想是带有新

---

① 汪诒年:《汪穰卿先生传记》,中华书局,2007年,第137页。
② 汪诒年:《汪穰卿先生传记》,中华书局,2007年,第183页。
③ 汪诒年:《汪穰卿先生传记》,中华书局,2007年,第138页。

闻职业化色彩的,他将独立性视为报刊的生存之本,主张报道要真实客观,同时认为由于报刊本身的重大社会影响力,应自律并接受社会监督,这样才能保证其公信力。汪康年的这些报刊编辑思想都和当时西方报刊职业化发展中的诸多理念不谋而合,这既体现了西方报刊职业化对中国早期报业的影响,也是中国早期报人初步报业实践和思考的产物。

第三节 真实客观: 黄远生的职业信条

黄远生是民国初年的著名记者。"首批以新闻闻名于世的记者中最负盛名者"[①]"中国新闻史上第一位名记者",[②]类似这种对于黄远生的溢美之词数不胜数,戈公振更是在《中国报业史》中称其为"报业之奇才"。黄远生,本名黄远庸,少年时期两年内连中秀才、举人、进士,名声大噪。中进士后,放弃了做官的资格,东渡日本留学,学习法律。回国后担任清政府的邮传部员外郎兼参议员行走、编译局纂修官,在此期间经常为京沪报刊撰写时评。辛亥革命后,专心从事新闻工作,先是创办和主编《少年中国》周刊,后又编辑过梁启超主办的《庸言》杂志,并担任上海《时报》《申报》《东方日报》驻北京的特约记者并为北京《亚细亚日报》撰述文章,还经常为《国民公报》《论衡》《东方杂志》撰稿。

黄远生一生以记者为职业,这是他与之前诸如王韬、梁启超等报人的重大区别。在早期,由于政治出发点和实用理性的主导,新闻事业包括新闻事业所蕴含的各种理念诸如新闻自由、客观性、真实性等都被国人以自己的方式进行了理解,并使之服务于政治、国事等传统士人所追求的目标理想。而黄远生投身新闻事业却有着明确的职业追求和职业理想,并非仅将其作为一种政治工具,这从其抛弃仕途毅然决然地走入新闻事业的历程就可以看出。他在考上进士之后,放弃了做官的机会赴日留学,回国之后

---

① 宁树藩:《中国新闻记者的战斗历程》,《宁树藩文集》,汕头大学出版社,2003年,第75页。
② 方汉奇:《明星在这里陨落——黄远生被刺现场踏勘记》,《方汉奇文集》,汕头大学出版社,2003年。

不甘心"以极可爱之青年之光阴,而潦倒于京曹",最终投身于新闻事业。他曾经指出新闻记者须有"四能":"(一)脑筋能想;(二)腿脚能奔走;(三)耳能听;(四)手能写。调查研究,有种种素养,是谓能想。交游肆应,能深知各方面势力之所存,以时访接,是谓能奔走。闻一知十,闻此知彼,由显达隐,由旁得通,是谓能听。刻画叙述,不溢不漏,尊重彼此之人格,力守绅士之态度,是谓能写。"①黄远生认为新闻应该职业化,这"四能"是作为一种职业的要求,他认为自己从事新闻工作多年,还没有达到"四能"的要求,离职业记者的身份还很远,"余无一于此,何能为新闻记者",可见他内心中对于记者这一职业有着很高的标准。

黄远生认为报刊应该保持独立性,为公众服务,立论以公;在报道中应该注重采访的作用,注重第一手材料,以事实为依据,同时考察事物之间的联系,不轻易发表评论,且不应该排斥不同的意见;发表意见要客观中立,不偏不党,这些都表明黄远生的报刊思想中蕴含着大量的客观性因素。

一、报刊应为平民服务,主持正论公理

黄远生认为报纸应该立足于民间,为国民服务,这是由他所追求的"平民政治"理想所决定的。在《平民之贵族奴隶之平民》一文中,他指出,"今日中国无平民,其能自称平民,争权利争自由者,则贵族而已,农工商困苦无辜,供租税以养国家者。所谓真平民也,则奴隶而已。……大总统、革命元勋、官僚政客、新闻记者、奸商著猾、豪疆雄杰……享全国最高之俸,极其饮食男女之乐则一也。此等极乐世界中人,统计全国,最多不过百万。而三万万九千九百万之国民,则皆呻吟憔悴,困苦颠连,于莫敢谁何之下,而供租税服劳役者也。此其人口不能为文明之言,身不能享共和之福,皆以供百万贵族之奴隶狼藉而已。非大总统及政府之所能顾念而珍惜,非舆论机关之所屑为代表而呼吁,非彼堂堂政客之所屑为调查而研究。何则? 以

---

① 黄远生:《忏悔录》,沈云龙编:《黄远生遗著》(卷一),文海出版社,1986年,第132-133页。

其为奴隶而非平民也"。①

　　黄远生是真正站在公众的立场上,代表公众的利益,为其呼喊。黄远生指出:"吾少数人者,若稍有良心,就宁忍不泣血剖心,以自谢于国民之前",记者"亦能造作文字,遇事生风,然何尝稍益于衣食我而恩厚我之同胞。今若有人创意曰,此少数者皆可杀,则记者必先自服上刑矣"。② 黄远生还痛斥那些不揭露社会黑幕、不为人民讲话,"取大猾豪右之唾余而以为养而以游食四方,以社会耳目口舌美誉自赞的报人"实在是刍狗之辈。面对当时中国社会内忧外患的状况,他写道:"晚清时代,国之现象,亦恶甚矣。然人心勃勃,犹有莫大之希望。立宪党曰:'吾国立宪,则盛强可立致';革命党曰:'吾国革命而易共和,则法美不足言'。今以革命既成,立宪政体,亦既确定,而种种败象,莫不与往日所祈向者相左。于是全国之人,丧心失图,皇皇然不知所归,犹以短筏孤舟驾于绝横断流之中,粮糈俱绝,风雨四至,惟日待大命之至。"③黄远生对于生活在这样社会中的人们深感同情,以报纸特有的方式服务公众,为公众利益服务,他撰写了大量反映中国黑暗社会现实、人民疾苦的新闻和通讯。《日本人对于中立国官民之行动》这篇通讯,用大量事实揭露并控诉了日本侵略者对中国人民的屠杀和掠夺。他写道:

　　"九月二十一日,日兵到平度,据取柴草,枪毙王永祺,又迫运秋秸,枪毙袁仲兴,并伤张德安等。又闻十三日日军参谋官带队赴平度县署,将前后门把守,始与胡知事会面,纯用恫吓手段,限五日内预备牛千头,鸡两千余只,猪千余头,米面草料五十余万斤,大车一千五百辆,按日交齐,并云如有违误,即以军法从事,当时威逼胡知事

---

① 黄远生:《平民之贵族奴隶之平民》,沈云龙编:《黄远生遗著》(卷一),文海出版社,1986年,第3页。

② 黄远生:《平民之贵族奴隶之平民》,沈云龙编:《黄远生遗著》(卷一),文海出版社,1986年,第4页。

③ 黄远生:《论人心之枯窘》,沈云龙编:《黄远生遗著》(卷一),文海出版社,1986年,第88-89页。

签字始去。"①

对于日本向中国提出的"二十一条"之事,黄远生也予以了关注,并进行了真实报道。他在《新闻日记》里写道:

> "秦皇岛已到有日本鱼雷艇四军舰一矣,关东州已下戒严令矣!胶济路已戒严矣,威吓强迫,无所不用其极矣!……盖日人此次举动,在吾国为深仇大耻创钜痛深。……"
>
> "余坚询一外交官,以最后办法如何,此外交官慨然而道,谓城下之盟,或尚可说。以外交官而让步至现今程度,岂徒外交官之辱之罪耶。国民若无自觉心,则此后之危险何可言状,言时泪下。"②

黄远生还提出报纸应该主持公论。在《少年中国之自白》一文中,指出创立支行报刊的动机,"神州之正气日以消绝,遂令堕心丧气,亲见大难之将至",而"举国言论,趋于暮气,趋于权势,趋于无聊之意识,不足以表现国民真正之精神",因此,在《少年中国之自由》文中,他主张办报应"主持正论公理,以廓清腐秽,而养国家之元气""而以公明之舆论,督责此最有权力者"。③ 在黄远生的报刊生涯中,经常发表文章直言批判各级官僚,其中对袁世凯的批判也是如此。他指出,"袁总统自受任以来,专以调停及牢笼个人为事,于政治上之新生面绝无开展"④"袁总统者能扶植个人之势力而不能执行国家之权力也"⑤"今吾国内外,备奋其私,各狗其党,干法犯禁,

---

① 黄远生:《日本人对于中立国官民之行动》,沈云龙编:《黄远生遗著》(卷四),文海出版社,1986年,第90页。

② 黄远生:《新闻日记》(民国四年[1915]五月七日),沈云龙编:《黄远生遗著》(卷四),文海出版社,1986年,第167-168页。

③ 黄远生:《少年中国之自白》,沈云龙编:《黄远生遗著》(卷一),文海出版社,1986年,第11页。

④ 黄远生:《社会心理变迁中之袁总统》,沈云龙编:《黄远生遗著》(卷一),文海出版社,1986年,第2页。

⑤ 黄远生:《个人势力与国家权力之别》,沈云龙编:《黄远生遗著》(卷一),文海出版社,1986年,第15页。

惟所欲为,欺弱凌寡,惟力是视"①"故政局之日趋于险恶者,非他人为之,乃袁总统自为之也。彼等及今而不改此度者,则吾国运命可以二言定之,盖瓦解于前清,而鱼烂于袁总统而已"。②

黄远生的通讯善于捕捉各种细节,绘声绘形,嬉笑怒骂间已经将批判的事件刻画得入木三分。其十分著名的《外交部之厨子》一文,风靡一时。这篇通讯抨击的是民初外交部腐化败落的情况。"外交部之厨,暴殄既多,酒肉皆臭,于是厨子乃畜大狗数十匹于外交部中豢养之。部外之狗,乃群由大院出入,纵横满道,狺狺不绝,而大堂廊署之间,遂为群狗交合之地。故京人常谓外交部为狗窑子。窑子,京中语为妓院也"。

黄远生认为,报刊应为平民服务,主持正论公理。他在《少年中国之自白》中的话是对其这一观念最好的概括:"本报对袁之宗旨,实系为国家让一步,不愿绝对排之,亦欲勉袁进一步,而愿普天下皆以公明之正义督责之,而我今则为前驱者也,为其牺牲者也,持论或有偏激,宗旨决不少变者也。"③

二、真实

黄远生认为新闻报道应该真实,新闻失实的危害是很大的,"余自问为记者若干年,亦一大作孽之事也,以今法作报,可将一无辜良善之人,凭空诬陷,即可陷其人于举国皆曰可杀之中。盖一人杜撰,万报腾写,社会心理薄弱,最易欺蒙也。至于凭臆造论,吠影吠声,败坏国家大事,更易为矣"。④ 可见,黄远生认识到失实的新闻会对个人造成很大的危害,尤其是在失实的新闻为多家报纸所报道的时候,会产生"众口铄金,积毁销骨"的结果,受众的心理往往承受不住强大的舆论压力,丧失辨别力,认知受到失

① 黄远生:《个人势力与国家权力之别》,沈云龙编:《黄远生遗著》(卷一),文海出版社,1986年,第16页。
② 黄远生:《政局之险恶》,沈云龙编:《黄远生遗著》(卷一),文海出版社,1986年,第60页。
③ 黄远生:《少年中国之自白》,沈云龙编:《黄远生遗著》(卷一),文海出版社,1986年,第11-12页。
④ 黄远生:《忏悔录》,沈云龙编:《黄远生遗著》(卷一),文海出版社,1986年,第133页。

实新闻的影响。他指出："理论之根据，在于事实"①"新闻以报道真正之事实为主，诙谐、杂出、拾掇个人琐事，实非正宗"②"以今日之大势，固已指导吾人趋于研究讨论之途，决不许吾人逞臆悬谈，腾其口说"。③

黄远生对于真实的理解更是超过了早期的报人，他认为真实不仅应该是准确无误，更应该全面，做到整体真实。黄远生在《本报之新生命》一文中说：

> "吾人所综合之事实，当一面求其精确，一面求其有系统。盖由通塞之辨，即在浑画，浅智之人，观察万象，万等于一，进化之民，观察万象，一可化万。故学问分科之多，乃益见世界进化之复。而科学之道，即在分别种类，体验万物，以察往知来，明体达用。记者之意，本报既为月刊，凡此一月内之内外大事及潮流，吾人皆负有统系的纪载，以供诸君参考及判断之责任也。"④

对于《庸言》报的"造言纪事"，他指出："决不偏于政治一方。以事到今日，吾人已深知一社会之组织美恶，决非一时代一个人一局部之所为，在此大机轴中，一切材料及动静，无不为其因果，而向者之徒恃政论或政治运动以为改革国家之道者，无往而非迷妄。故欲求症结所在，当深察物群，周知利病，譬如吾人自命为医，若于病人之脏腑脉络，不曾一一诊察解剖，徒执局部以概全身，而妄谓吾方实良，罪在病者不治，则世人未有不骇然笑者，故于政治的记述以外，凡社会的理论及潮流，与社会事实，当为此后占本报篇幅之一大宗也。"⑤黄远生社会以人的身体做比喻，认为世界上的任何事物都不能孤立存在，都与周围其他事物处于相互联系之中，这些周遭之物

---

① 黄远生：《忏悔录》，沈云龙编：《黄远生遗著》(卷一)，文海出版社，1986年，第105页。
② 黄远生：《新年闲话》，沈云龙编：《黄远生遗著》(卷四)，文海出版社，1986年，第109页。
③ 黄远生：《本报之新生命》，沈云龙编：《黄远生遗著》(卷一)，文海出版社，1986年，第103-104页。
④ 黄远生：《本报之新生命》，沈云龙编：《黄远生遗著》(卷一)，文海出版社，1986年，第104页。
⑤ 黄远生：《本报之新生命》，沈云龙编：《黄远生遗著》(卷一)，文海出版社，1986年，第104页。

是该事物存在和发展的条件,失去了这些周围事物,该事物就失去了自身存在和发展的条件。在报道政治方面的新闻时,应该与社会潮流、社会理论结合起来进行分析,即"欲求症结所在,当深察物群"。因此,黄远生的新闻通讯往往"题材重大,记载翔实",注重事件之间、人物之间的复杂联系,以求得真相。"他在《政界内形记》《最近之秘密政闻》《借款里面之秘密》等通讯中,披露了袁世凯、唐绍仪、梁士诒、熊希龄等人之间的复杂关系,各政党之间争权夺利的斗争,以及袁世凯不惜以领土主权为抵押向六国银行团借款的内幕,对当时的政坛风云作了真实而详尽的记录,既是新闻,又是信史"。①

三、客观

除了真实以外,黄远生还主张报纸应坚持客观的态度,在《本报之新生命》中,他对自己的办报方针做过这样的表述:"吾曹此后,将力变其主观的态度,而易为客观。故吾曹对于政局,对于时事,乃至对于一切事物,固当本所信,发挥自以为正确之主张。但决不以吾曹之主张为唯一之主张,决不以一主张之故,而排斥其他主张。且吾曹有所主张,以及撷取其他之主张之时,其视综合事实而后下一判断之主张,较之凭恃理想所发挥之空论,尤为宝贵。若令吾人所综合事实,尚未足令吾人下笔判断之时,则吾人与其妄发主张,贻后日之忏悔,不如仅仅提出事实,以供吾曹及社会异日之参考资料,而决不急急于有主张。盖吾人此后所发表者,演绎的理论,决不如归纳的事实之多,以今日大势,固已指导吾人趋于研究讨论之途,决不许吾人逞臆悬谈,腾其口说故也。"②黄远生认为该报以前的态度不够客观,应予以改变,对于事实则应努力发表正确的主张,且不应该排斥其他意见的发表。较好的做法是仅仅报道事实,供社会参考,而不应该急于下结论,这应该是做到客观的一个重要手段。

---

① 方汉奇:《中国新闻传播史》,中国人民大学出版社,2002年,第168页。
② 黄远生:《本报之新生命》,沈云龙编:《黄远生遗著》(卷一),文海出版社,1986年,第103-104页。

通过亲自采访获得第一手材料是在报道事实中保持客观的重要途径。在报道事实的过程中,黄远生十分注重第一手材料的获得,林志钧曾讲道:"他要做一篇通讯,拿起笔来写,在他是一点不费脑力的事,他所费力的就是——搜集材料,差不多要直接由本人得来的消息,绕去评论。他换句话说,就是要和事主对证明白的,才肯相信,然后就这个事情上加以评论。偶然亦有听错了话,替读者做个德律风,他到后来得了真实消息,跟着就把前头的话更正了。"[1]

纳里莫(Nalimo)认为黄远生提出的"吾曹之后,将力变其主观的态度,而易为客观",是民国时期报人期于脱离政党新闻业的一种诉求,"许多中国报人试图为其自身建立职业化模式时,实际上所构建的只是一种类似观念的东西,这种观念追求的是专业性的客观中立,以便在报业难以避免的党派性和政治性中安身立命"。[2] 但是,不管当时的中国报人是出于一种什么样的目的提出客观性,也不论这种客观性与西方新闻业所提出的客观性理念是否在同一个逻辑层面上,尊重事实、不偏等客观性因素是包含在黄远生的认识之中的。除此之外,黄远生的"不党之言"是其客观性思想的又一重要组成部分。

四、不党之言

随着清王朝的灭亡和民主共和思想的传播,民初政党繁多,并且政党之间互相攻讦,党同伐异,争斗不息,中国政坛纷乱复杂。对于这种现象,黄远生描述道:

"今者党之问题,可谓波靡全国矣,一般之贤愚不肖,既进驱率入此帷幕之中,旗帜分张,天地异色。又有一群矫异自好或无意识之徒,以超然为美名,以党为大恶,相戒以勿争党见为爱国。党人之视己党,

---

[1] 林志钧:《序言》,沈云龙编:《黄远生遗著》(卷一),文海出版社,1986年,第5页。

[2] 〔澳〕特里·纳里莫:《中国新闻职业化历程——观念转变与商业化过程》,《新闻研究资料》(总第50辑),中国社会科学出版社,1992年,第179页。

则神圣之,其互相视,则仇雠之;无党人之视党也,则蟊贼之。攘往熙来于通衢大道之中,指天画地于密室之内,目有视视党,耳有闻闻党,手有指指党。既已聚千奇百怪之人而相率为党,遂即铸成千奇百怪之党,蔓延于国中,乃复演为千奇百怪之崇拜政党论,或毁谤政党论,以相攻于一隅。于是乃有党与党之争,有党与非党之争,更有一党之中一部分与一部分之争。"①

尽管黄远生对于党争的现象十分反感,但是他实际上主张国家应该有政党,这主要是受到西方民主政治思想影响的结果,甚至认为政党在民主政治的国家中是必不可少的,"立国不能无党,国有两党,犹言两力,两力互发,其力相剂,而国群乃得中正刚健循序发达之美效"②"国民意志对于立国政策,有两种不同之舆论,则有两种之政党,有两种以上不同之舆论,则有两种以上之政党,惟国民不能人人参与政治,故以政党为之代表,惟政党不能孤立而居代表之名,故必有真正一部之舆论为后援,舆论政治为多数政治,则议会之多数,即两种以上之舆论之胜败所由分也"。③ 黄远生认为在民主制度下政党是不可或缺的,民主国家要想走向强盛,必须实行政党政治,所以他主张"吾人愈不能不主张真正政党,而决不得主张无党"。④

但是,他认为在中国现在的条件下,政党并非真正意义上的政党,"无一真正政党之成立,而所谓某党某会者,仅于此咫尺之参议院中,稍露党派之色泽,都会大埠,稍有派别之臭味,乌合之众,不足以成军,散沙之民,不足以立国"。⑤ 这种情况和黄远生设想的通过组织不同的政党来代表不同人民的意志,从而形成良好的舆论环境,改变现有的专制政治局面是不一致的。现有政党林立的局面不仅没有实现专制政治向民主政治的转变,反

① 黄远生:《铸党论》,沈云龙编:《黄远生遗著》(卷二),文海出版社,1986年,第93页。
② 黄远生:《反省》,沈云龙编:《黄远生遗著》(卷一),文海出版社,1986年,第138页。
③ 黄远生:《铸党论》,沈云龙编:《黄远生遗著》(卷二),文海出版社,1986年,第99-100页。
④ 黄远生:《铸党论》,沈云龙编:《黄远生遗著》(卷二),文海出版社,1986年,第95页。
⑤ 黄远生:《铸党论》,沈云龙编:《黄远生遗著》(卷二),文海出版社,1986年,第101页。

而使得政界乌烟瘴气,更加混乱。因此,在《铸党论》中,他指出应该对现有的政党进行整顿,解散现有的政党,重组为两大党,仿效英美的两党制。

在政党之外,黄远生主张记者应作为不党之人,对政党发表独立的、不偏不倚的"不党之言","乃觉今日必有超然不党之人,主持清议,以附于忠告之列,其言无所偏倚,或有益于滔滔之横流于万一。记者诚非其人,特有志焉而已"。① 正如林志钧对黄远生评论的那样:"远庸论事论人,又能不存成见,他对于很熟的人,也往往说他们的不是,说来虽然很客气,然究竟没有替他隐讳。""远庸对于当时政党,批评也不少,⋯⋯他论起共和党,也并不因为熟人较多,气味较近,带著有色眼镜,就说那种颜色好""没有丝毫偏袒那一党的意思。"②

在黄远生一生短暂的报刊实践中,主持正论公理,监督批评政府;坚持报纸的"不党之言",保持着报纸独立的品格。"黄远生最为可贵的光辉是他体现了中国新闻职业化的萌芽。当然这必须考虑到,新闻职业化思想作为舶来品,是从西方媒介发展的历史中抽象出来的,具有自由派资本主义的社会烙印。但新闻职业化最关键的含义,在于它追求'公共性''客观性',需要专门的职业素养,受制于专业信念和自律的规范而不接受在此之外的任何权力或权威的控制。这些高度抽象的概念在黄远生的身上,得到了他经验事实的支持和在中国历史语境下的特殊诠释"。③

---

① 黄远生:《不党之言》,沈云龙编:《黄远生遗著》(卷一),文海出版社,1986年,第19页。
② 林志钧:《序言》,沈云龙编:《黄远生遗著》(卷一),文海出版社,1986年,第6页。
③ 张洁:《新闻职业化的萌芽:重读黄远生的新闻实践与新闻思想》,《新闻大学》,2006年第3期。

第三章

报刊客观性的理论研究与主要实践

随着新闻事业的发展,逐渐开始出现对新闻的学术研究,并逐渐走向深入。1918年10月4日,北京大学新闻学研究会成立,标志着中国将新闻学作为一门科学进行研究的开端。在这一时期,新闻学的拓荒者们开始就新闻学的一些基本理论问题进行初步探讨,其中,徐宝璜、邵飘萍、任白涛等都是重要的代表人物,他们在借鉴西方新闻理论的同时,也对新闻学进行了自己的阐释。

在西方,客观性不仅是一种报道规则,还是一种职业理想。客观性作为新闻学理论的重要内容之一,受到了众多西方学者的关注。同样,早期的中国学者们在研究新闻学的过程中,也在不时地触碰着这块最为敏感的理论区域,他们从新闻业的社会地位、新闻报道的方式与职能、新闻从业人员培养等多个视角对新闻客观性进行着学理上的研究。

第一节　早期学者对报刊客观性的学理阐释

一、新闻业的社会地位

早期的报人在报业实践活动中注重保持报纸的独立性,新闻研究者也在理论研究上对此极为关注,认为报纸应为社会公有,与政府政党保持恰当的关系,以保持独立性。

（一）报纸应为社会公有，保持独立性

客观性的提出本身是一种新闻理念，在现实中面临着政治和商业的双重挤压，因此，为了捍卫新闻的客观性，徐宝璜提出，报纸应该为社会所公有，具有公共化属性，这显然是学习借鉴了西方学者的观点。在《新闻事业之将来》一文中，他论述到："所谓公共化者，乃因新闻纸与社会关系愈趋密切而言。凤昔执新闻纸业者，辄以新闻纸为其个人私产，此殊失当。夫吾侪献身于社会时，即当视此身为社会所有，遑论其所执业。"①在徐宝璜看来，由于新闻纸与社会的关系密切，不应将新闻纸视为私产，报人一旦从事了新闻业，就应当将自身也当作社会公有，应献身于社会。

任白涛也非常关注这一问题，他在其著作中对报纸的公共性也有过系统的研究，认为在新闻事业的诸多特性之中，最先应该被提及的就是作为"社会之公共机关"的属性，②新闻事业是以多数人的利害荣辱作为自己的标准的，它完全以公众为本位，社会利益得到发展，也就是新闻事业的成功。而只有持真理、主公道、明善恶的新闻业才真正是公共的，才能够长久生存。作为新闻记者，"不问如何之时际、场所，其地位、态度常为超越的、独立的、客观的"。③

那么，报刊为何应为社会公有？早期的学者们对于这一问题也有过深入的思考，其中徐宝璜的观点最具有代表性，他认为报刊之所以应为社会公有，首先在政治方面，"现代之政治为多数人之政治……此多数人未必具有新颖之政治常识，则其如何研究，将恃新闻纸以知识供给之矣。……新闻纸，或可作政治之中心点，力亦伟哉！"④可见，新闻纸在民主社会中发挥着供给知识的功能，因此新闻纸在政治中有时甚至可以起到政治中心点的作用。另外，新闻纸对社会的教育作用是普遍的，作用巨大，也应为社会公

---

① 肖东发、邓绍根：《徐宝璜新闻学论集》，北京大学出版社，2008 年，第 151 页。
② 任白涛：《应用新闻学》，上海书店出版社，2011 年，第 4 页。
③ 任白涛：《应用新闻学》，上海书店出版社，2011 年，第 8 页。
④ 肖东发、邓绍根：《徐宝璜新闻学论集》，北京大学出版社，2008 年，第 145 页。

有。在宣传方面，"苟新闻纸所宣传为世人信仰，世人且以其宣传据为自己意见，收得之效果，更不以言喻"。新闻纸在宣传方面的优势及效果，使得它也不得不为社会所公有，否则因"不负责任"与"无强制力"的原因，丧失公信力，那么即使"其言果当""世人亦不认为真"。

所以，新闻纸应保持其独立性，独立性是由报纸作为社会之公有事业的地位所决定的，新闻纸要代表国民的舆论。至于如何保证新闻纸的独立性，徐宝璜认为通过经营保持经济上的独立是正确的途径，但新闻纸仍是私人独立经营或集资经营，不可能完全无私，应注意保持公私兼顾，不能以私害公。

（二）与政府和政党保持恰当的关系

对于报刊与政府政党的关系，无论是西方还是我国的新闻学研究者，都给予了密切的关注，这和当时中西方报业实践中政党新闻业的报业生态是分不开的。邵飘萍非常关注新闻事业与政府政党的关系，他认为，我国的新闻事业之所以发展缓慢，主要是由其所处的社会环境决定的，新闻业很难脱离社会环境单独发展。[1] 报纸只有与官方、政党撇清关系，才能够真正称得上是代表公意的报纸；而在经济或组织上依赖官方或政党的报纸无法保证其民间立场，更无法代表民意，保证公正、客观的报道。在 1922 年，邵飘萍撰写了《〈京报〉三年来之回顾》一文，对《京报》的成功进行了总结：

> "盖《京报》创刊之志趣，非有政治之目的，惟以愚个人既乐从事于新闻之业，欲以《京报》供改良我国新闻之实验，为社会发表意见之机关。故《京报》言论所注重者，不独政治问题。外交教育与夫社会上之种种事业，《京报》每顺世界进步之潮流，为和平中正之指导。崇拜真理，反对武力，乃《京报》持论之精神。"

---

[1] 肖东发、邓绍根：《邵飘萍新闻学论集》，北京大学新闻学研究会，2008 年，第 15 页。

可以看出,在邵飘萍看来,《京报》之所以能取得成功,受到各国媒体的关注,正是由于坚持了"作为社会发表意见之机关"的立场,"无党派关系,更不欲以特殊势力为报纸之后盾",对社会事件做"和平中正之指导",从而"蒙内外各界赞许,在言论上已占相当之地位"。《京报》坚持独立的立场,不依赖于各种政治势力的办报宗旨,与邵飘萍在日本《朝日新闻》的经历有着密切的关系。《朝日新闻》的办报方针是"立足不偏不党的立场,贯彻言论自由,为建成民主国家和确立世界和平而努力;基于人道主义,献身于国民幸福,排除一切不法与暴力,和腐败进行斗争;公允、迅捷的真实报道,以进步精神保持公正;常怀宽容之心,注重品格及责任,尊重清醒厚重之风"。① 因此,邵飘萍努力将报纸与官方、政党保持距离,与军阀、政党所操纵的御用报纸有着明显的不同,在那个报界混乱的时代,他始终坚守着民间独立报人的客观性原则,并试图用这份坚守去影响和改变极权主义统治下的畸形报业。

较之邵飘萍的观点,任白涛对于报纸与政党关系的态度则相对温和,他认为带有党派色彩并非衡量报纸是否具有价值的标准,衡量一份报纸的好坏,应该看这份报纸能否以公正与客观的态度报道事实,如若"故意歪曲事实,赞美自党,毁谤异党",②则失去了这份报纸的价值,是不可取的。

二、新闻报道的方式与职能

西方学者在研究新闻客观性的过程中,也曾以报道方式为切入点,如《哈尼创作指南》《年轻编辑指南》以及《新闻学入门》,分别谈到了新闻写作的方法、如何处理新闻和社论的关系等。早期的新闻学研究者也在这些方面对客观性做了研究。

(一)全面、平衡报道

全面、平衡报道是报刊客观性的重要方面,早期的新闻学者在这方面

---

① 张育仁:《自由的历险——中国自由主义新闻思想史》,云南人民出版社,2002年,第292页。
② 任白涛:《综合新闻学》,上海书店出版社,1991年,第120页。

有很多论述,他们认为能否做到全面、平衡报道是衡量新闻纸是否称职的重要评价标准。

在全面报道方面,徐宝璜提出"关于同一事件之各种情形,均应据实完全登载。须知每一问题,必有两方,自须双方兼顾。切不可专选登利于一方及不利于他方之新闻,而将利于他方之新闻,隐匿不登,或登之至简,以蒙蔽阅者,使其受片面记载之恶影响,而不能为公平之判断焉"。① 对于这一问题,任白涛也曾指出"每一个问题发生,须牢记其必有两方面,应尽取其两方面之事实",②对于社会事件的各方,"宜昭一律"。两人的观点有异曲同工之处。

在平衡报道方面,徐宝璜主张,要做到平衡报道,新闻纸要做到言论公开,"凡投稿能言之成理,持之有故者,不问其见解主张之精粗激随,以及与本社所见相同与否,均应一一登布之,以供世人之研究,听公众之判断"。③

任白涛则认为,不应该将报纸本身的意见放入新闻之中,如果的确有政见,应该放在社论栏中。

(二) 避免津贴本位、营业本位的新闻报道

对于用新闻换取利益的行为,任白涛有一个很好的比喻,即"为了面包而失节"。④ 邵飘萍则将新闻纸分为几种类型,其中一种就是"津贴本位之新闻纸",并且认为这种类型的新闻纸"在今日尚占多数,新闻之性质殆与广告相混同;既不依真理事实,亦并无宗旨主张,暮楚朝秦,惟以津贴为向背"。⑤ 他曾说道:"无论何种政府机关,苟其实际上无可取得国民信用之价值,纵挥霍多数金钱,言论界决不能颠倒黑白以为之助。不观数月以前之安福系之功德者,盖其根本上不能存在,言论界接受多金亦爱莫能助

---

① 肖东发、邓绍根:《徐宝璜新闻学论集》,北京大学出版社,2008年,第146页。
② 任白涛:《综合新闻学》,上海书店出版社,1991年,第81页。
③ 肖东发、邓绍根:《徐宝璜新闻学论集》,北京大学出版社,2008年,第136页。
④ 任白涛:《综合新闻学》,上海书店出版社,1991年,第104页。
⑤ 肖东发、邓绍根:《邵飘萍新闻学论集》,北京大学新闻学研究会,2008年,第136页。

也。"①邵飘萍在"郭松龄兵变"时期，发表大量的新闻和点评，历数张作霖的罪状，张作霖为了收买邵飘萍，汇款 30 万元之巨，但却遭到邵飘萍的退回。

"营业本位"的新闻思想也是早期的新闻学研究者们所反对的，"所谓营业本位者，乃以公平确实、正直无私为其博得多数信仰之手段，故必使新闻纸完全化为商品"。他们认为新闻社既为社会公共机关，非但不应有党派之色彩，且目的尤不应在于营利，但是由于报纸生存的需要，若非以营利为目的，则必致失其继续存在发展之功能。这是一个矛盾的问题，为了解决这一矛盾，可以像世界上其他国家一样，将新闻事业做大，坚持新闻的专业主义，做到公平无私，是一个权宜之计。但是，在实行商业化运行之后，也会产生一些受经济利益左右的言论，影响客观性的因素存在，比如"新闻事业之商业化，却又有因只顾利益而压迫编辑记者之弊，以广告之故而左右新闻，势所不能免也。且资本之色彩日益浓厚，为精神劳动之记者，不能不仰资本主义之鼻息，盖所采之手段，绝不能与其所持理论相一致也"。②

（三）舆论监督是天赋权利

正如美国政党报刊经历了半个世纪"最黑暗的时期"一样，中国的报业也曾经历过一个相当多数报纸沦为政党报纸、军阀报纸的时期，在这一时期，监督政府的职责被很多报纸所淡忘。邵飘萍看到了报业的颓势，将新闻事业看作是"国民舆论代表"，他指出：好政府也罢，坏政府也罢，都必须将它们严格地置于报纸这种"社会公器"和记者这种"社会公人"的批评和监督之下。③

邵飘萍指出，新闻机构作为社会公器和国民舆论的代表，必须具有超

---

① 邵飘萍：《通讯社有可以操纵言论之能力乎》，《京报》1921 年 1 月 7 日
② 肖东发、邓绍根：《邵飘萍新闻学论集》，北京大学新闻学研究会，2008 年，第 136 页。
③ 张育仁：《自由的历险——中国自由主义新闻思想史》，云南人民出版社，2002 年，第 281 页。

越一切党派和集团的广泛的社会性,同时它还肩负有教育、批评,以及督导政府的"天赋"权力,因此必须从法律上保障和尊重其神圣不可侵犯的独立性。他认为用新闻法制的方式来维护新闻界监督政府的权力是十分必要的,新闻法制的存在可以"依照新闻法扩大新闻自由与新闻民主的程度,维护言论机关,突破上层秘密,实行自由报道,使国民增长政治知识,以及舆论监督和立言的权利和义务"。[1]

邵飘萍的一生都在践行着他坚守的这一观念,其所办的报纸不断地向极权政治挑战。早期,袁世凯政府钳制舆论发展,中国报业环境恶化,邵飘萍以"阿平"为笔名,抨击袁世凯政府,袁世凯专门派特务对其文章重点审读;后来,反对段祺瑞政府,致使《京报》被查封,邵飘萍流亡日本;1923年揭发直系军阀曹锟依靠贿选当上中华民国总统;在"郭松龄兵变"之后,抨击张作霖等,都体现了邵飘萍以"社会公人"的身份发挥着舆论监督的作用,这与他所提出的报纸具有管理国家、监督政府、自由批评政府的天赋权利是相呼应的。

三、新闻从业人员培养

客观性无论是作为职业理想,还是作为新闻报道原则都和新闻从业人员密不可分。新闻最终都是由新闻从业人员创造出来的,新闻从业人员是新闻纸的直接操作者,因此新闻从业人员的品格对于新闻业能否保持独立性、成为社会公器有着决定性的作用。"报纸者,社会之耳目也。访员者,又报纸之耳目也。访员得人,报纸方能尽其供给正确迅速新闻之天职,即社会种种是非,亦因以易明。吾国报社因经济关系,多仅有编辑而无访员,故其新闻多仰给于通讯社"。[2] 徐宝璜认为,报纸缺少访员,单纯依赖通讯社的消息一方面会导致新闻源单一,新闻雷同现象较多,不利于多角度的报道事实,于客观性有损;同时,由于通讯社的党派色彩,所提供的新闻具

---

① 孙晓阳:《邵飘萍》,人民日报出版社,1996年,第37页。
② 肖东发、邓绍根:《徐宝璜新闻学论集》,北京大学出版社,2008年,第167页。

有主观性，失实现象也时有发生，严重损害了报刊的客观性，不利于新闻事业的长远发展。总之，培养自己的访员，是扩展多元化的新闻源，维护客观性的重要举措。任白涛在其著作中也专辟章节论述新闻记者的资格与修养，认为健全的常识和刚健的意志对于新闻记者尤为重要。

因此，设立新闻学校，培养具有独立意志的新闻人才对于维护新闻客观性，保证新闻事业健康发展意义极为重大。"新闻学者，以养成良好新闻记者，并导新闻事业于正轨为职志者也。斯学昌明，则人类受新闻事业之福，愈增其量，是斯学之重要可知矣。自民国七年北京大学创设新闻学研究会以来，国人对于斯学，渐加注意，近年以来，新闻界之各项改革，如采访之注重，编辑之改良，印刷进步等等，与当日该会所倡导者，均不无若干关系"。[①] 徐宝璜认为："要培养出社会和民众需要的合格的新闻人才，新闻教育必须坚持其独立于政治的办学立场，任何来自官方和政治派别的染指，都将给新闻人才的培养造成灾难性的后果。""只有充分贯彻了其独立意志的新闻教育，才是'良好的'新闻教育，亦才能够培养出'良好的新闻记者'……"[②]因此，只有在独立的新闻教育下培养出具有独立品质的新闻人，才能使新闻纸真正具有社会公有的性质，发挥社会之公器的作用，保持独立地位，坚持客观性，从而形成能真正代表国民意志的健康舆论。

早期的新闻学研究者是我国新闻理论研究的先驱，他们对于新闻客观性等问题在学理上的研究奠定了我国新闻学研究的理论基础，同时，也为中国早期的报业实践提供了理论上的依据，具有重要的理论和实践意义。

第二节　民营商业报刊的客观性观念与实践

一、史量才时期《申报》的客观性观念与实践

1912年9月，史量才在张謇、赵凤昌等人的支持下，以12万银元的价

---

① 肖东发、邓绍根：《徐宝璜新闻学论集》，北京大学出版社，2008年，第173页。
② 张育仁：《自由的历险——中国自由主义新闻思想史》，云南人民出版社，2002年，第278页。

格,从席子佩手中购得了申报馆产权。史量才任经理,主持经营,从此开始了他的办报生涯。接办《申报》后,史量才注重企业化经营,取得了显著的成绩,1927年购进了《时事新报》的部分股票,1929年在购进《新闻报》的股票时,由于其建立报业托拉斯的做法与国民党当局控制报业的政策存在冲突,受到了强烈的抵制。"九一八"事变以后,史量才认清了蒋介石对日妥协及其"攘外必先安内"政策的实质,先后刊登了《宋庆龄为邓演达被害宣言》《论剿匪与造匪》等文章,痛骂蒋介石,随后一系列事件的发生使蒋介石感到《申报》正逐渐脱离其控制,在软硬兼施都不奏效的情况下,1934年,蒋介石派特务将其暗杀。

　　史量才在《申报》工作22年,通过其努力,《申报》逐渐成为一份十分有影响的大报,这在当时的政治环境下实属不易。在史量才主持《申报》的前期,该报为了在艰难的政治环境中得以生存,极力保持客观中立,态度比较温和,与政治保持距离。在1928年"申报二万号纪念"大会上,史量才讲道:"五十六年不为暂,二万号不为少,宜有以纪念之也。吾思想既无赫赫之功,又非惊人之举,念之何为哉?念者《申报》服务于社会,其继续不断之工作,劳且久。久而能敬其事,公而念之乎?抑《申报》舟也,同人舟之执役也。风雨艰难,晨昏与共。幸无倾覆之虞,免罹灭顶之祸,念其私乎?"[①]这一时期他的办报思想正如其所说:"纯以社会服务为职志,不挟任何主义,亦无任何政治背景。"[②]

　　1930年,陈景韩和张竹平先后离开《申报》,史量才决定以此为转折对《申报》进行改革。在该报六十周年纪念时,发表了《本报六十周年纪念年宣言》,谈到"回溯以往,皆为陈迹,历史上之新页,正依次展开。本报为国内新闻纸中之成立较早者。在过去六十年历史演进之洪流中,是否曾尽有一份推转之力,为功为罪,非本报同人今日所愿计及,独是在今后继续展开之新页中。本报究应如何以肩荷此社会先驱推进时代之重责,如何使社会

---

① 庞荣棣:《史量才——现代报业巨子》,上海教育出版社,1999年,第153页。
② 《追悼史总经理特辑》,《申报月刊》第3卷第12号,1934年12月5日。

进入合理之常轨,如何使我民族臻于兴盛与繁荣,是则本报同人在六十年后之今日所郑重深自体念而不敢丝毫放松者。念之则如何,以积极之行动努力于本报之改进努力于应付之责任,不徘徊,不推诿,不畏缩,尽我绵薄,期有以自效,是为本报同人深自体念后最大之决心"。① 面对国内外不断变化的政治局势,史量才开始改变原有的温和态度,转而关注时局,抨击政府的统治政策。他曾在谈创办《申报月刊》的初衷时说道:"我惨淡经营《申报》多年,非为私,而是为社会国家树一较有权威之历史言论机关,孳孳为社会谋福利,尽国民之天职。可是专横独裁的政治使民众内心积怨太深,日报不能充分反映,月刊是开辟这种言路的阵地,希望俞办好它",可见史量才对当前国家政治局面的失望态度,同时也可以看出其希望用报刊舆论改变当前社会的用意所在。

尽管史量才前期和后期的政治立场以及言论态度有所转变,但是作为一个独立的民间报人,追求新闻自由,在新闻活动中坚持真实客观,是其作为职业报人生涯中所坚守的,史量才的报刊客观性思想主要表现在其坚持报纸独立和史家办报两个方面。

(一)独立办报的思想

"独立报纸应不带偏见或倾向地充当读者诚实的信息掮客,独立报纸视其独立性为最有价值的商业、编辑和道德资产。独立报纸捍卫其独立性的目的是,让报纸在任何时候都能够面对所有受众成员发言。独立报纸完全通过职业化行为维护其独立性,让所有职员,让任何感兴趣的读者或商业客户了解独立原则。独立报纸的职业化决策不是基于包括它自己在内的任何单个实体的狭隘的经济或政治利益"。②

史量才在办报的历程中,看到了有些报纸为了获得经济利益,接受津贴,发表具有倾向性的言论,然而随着其所依附的政治势力的衰落也逐渐

---

① 《本报六十周年纪念年宣言》,《申报》,1931年9月1日。
② 〔斯洛伐克〕塔特安娜·瑞普科瓦:《〈新时代〉打造专业化报纸》,钟新译,中国人民大学出版社,2004年,第12页。

消亡;有些报纸更是直接成为某些政治势力的机关报,为政治势力所控制,成为其喉舌,不能够站在民间的立场上,代表社会发表不偏不倚、真实客观的意见。史量才办报的核心思想就是独立精神,他认为只有保持独立,才可以在所有的读者面前表达自己的观点。他坚持企业化的方式办报,实行商业原则,既不为获得政府或政党的津贴而生存,也不谋求任何政治利益,既坚持经济独立,同时也保证政治上的不偏不倚。

1. 经济独立

史量才一再提醒民间报人:独立精神必须体现为政治和思想,乃至价值观念的不偏不倚;而不偏不倚又必须以经济上的完全独立为前提。[①] 梁启超曾经为报纸不能实现经济的独立甚为苦恼,"吾侪从事报业者,其第一关,则在经济不易独立。报馆恃广告费以维持生命,此为天下通义。在产业幼雏之中国,欲恃广告收入以供一种完善的报纸设备,在势在已不可能,而后起之报尤甚。质言之,则凡办报者,非营业收入以外,别求不可告人之收入,则报馆不能自存。本报十余年间,盖无一日不受此痛苦"。[②] 史量才主持《申报》时期,中国的民族资本主义工商业有所发展,并且由于上海的特殊地理位置和在全国的经济地位,史量才的《申报》实现经济独立有了客观的条件。此外,史量才知人善任,任用张竹平为经理,成功地实现了《申报》的经济独立,发行、广告和印刷是《申报》营利的三种主要方式。

《申报》特别重视发行工作,专设发行推广科,对于上海附近的地区,做到在当日将报纸送到订户手中;除发展本埠订户外,还积极向外埠扩展,到1935年,全国21个省区都已在其覆盖范围之内了。

广告是现代报纸的主要收入来源,《申报》的广告业务十分先进。张竹平担任经理后,在馆内专设广告推广科,科内分设广告外勤组和广告设计组,分管招揽业务和为客户设计广告图案,撰写广告文案,将现代广告的重

---

① 张育仁:《自由的历险——中国自由主义新闻思想史》,云南人民出版社,2002年,第388页。
② 《时事新报》,1921年五千号纪念。

要因素"创意"引入了广告之中。《申报》的广告种类繁多,有封面广告、后幅广告、中缝广告等。在不断努力之下,到 1915 年 4 月,《申报》刊登广告面积已超过其刊载新闻的面积,[①]至 1921 年广告收入接近百万元。

印刷也是《申报》的重要经济来源之一。1918 年和 1922 年,他先后两次从美国高价购进最新式的印报机,使每小时印报数达到 5 万份,首先保证了自身报纸及时出版。报馆还配备了齐全的铜版机、锌版机、铸字机、纸板机、铅板机、铅字铜模等。[②] 由于当时上海的众多报纸无力购买先进的印刷机,多是找大的报馆来代为印刷,而《申报》的印刷能力远远超过其发行量,因此《申报》对外承接印刷业务,先进的硬件设施不仅保证了报纸的顺利发行,同时也带来了巨大的经济收益。

在美国新闻学家格拉士(Glass)来中国访问时,专门参观了《申报》馆,史量才特地向格拉士先生致辞道:"敝报创立至今,已四十九年,较鄙人之年岁,尚多六载。鄙人办此报,现历十年。以敝报言,如老人之身。惟全馆同人皆竞自勉,以新精神鼓运之,使向前进。现营业收入可以供用,故可自信不受任何方面津贴。虽十年来政潮彭湃,敝馆宗旨,迄未偶迁。孟子所谓'贫贱不能移,富贵不能淫,威武不能屈',与顷者格拉士君所谓'报馆应有独立之精神'一语,敝馆宗旨似亦隐相符合。且鄙人誓守此志,办报一年,即实行此志一年也。"[③]

2. 政治独立

史量才不仅在办报中坚持经济上的独立,在政治上更是不听命于任何政治集团,坚持无党无偏的客观态度。他曾经说过:"国有国格,报有报格,人有人格,我史量才办报历来主张言论独立,岂能受军阀反动分子操纵?!"[④]1922 年 11 月 28 日《申报》发表评论说:"贵乎日报者,为能不党不偏也。唯不党不偏,故其新闻常忠实,而不施色彩。如是,则事之真,是非

---

① 胡太春:《中国报业经营管理史》,山西教育出版社,1998 年,第 51 页。
② 胡太春:《中国报业经营管理史》,山西教育出版社,1998 年,第 60 页。
③ 庞荣棣:《史量才——现代报业巨子》,上海教育出版社,1999 年,第 106 - 107 页。
④ 庞荣棣:《史量才——现代报业巨子》,上海教育出版社,1999 年,第 162 页。

不致混淆，而阅报之人阅一字即得一字之益矣！"不仅史量才主张政治、言论独立，《申报》的主笔陈景韩也认为："报纸者天下之公器，苟涉于私，则其行不远。然欲不涉于私，不为一种人所利用，则其至要之根本，在报纸之独立生活。"①史量才和其主持的《申报》不仅是这么主张的，也在用独立的行动践行着这一原则。

1915 年，袁世凯梦想恢复帝制，授意薛大可南下，希望通过行贿取得报界的支持，《申报》由于其广泛的影响力成为其活动的重点。然而对这一行为，史量才严词拒绝，并将这一丑闻公之于众：

> "本馆同人自民国二年十月二十日接手后，以至今日，所有股东除营业盈余外，所有馆中办事人及主笔，除薪水分红外，从未受过他种机关或个人分文津贴及分文运动，此次即有人来亦必终守此志。再本报宗旨以维持多数人当时切实之幸福为主。不事理论，不尚新奇，故每遇一事发生必察正真人民之利害，秉良心以立论，始终如一，虽少急激之谈，亦无反复之调，此次筹安会之变更国体论，值此外患无已之时，国乱稍定之日，共和政体之下，无端自扰，有共和一日，实难赞同一日。特此布闻。申报经理部、主笔房同启。"②

此外，《申报》还客观报道了各方面在帝制运动中的态度，如 8 月 23 日的长篇消息《筹安会发起后之京城各面观》，称"发起者都系官吏""赞成派以官僚中人为多"，反对派多是"热心国事及矢志之人"，以及蔡锷、汤化龙等"各政党之重要人物"。反对的群众更多，"连日来上书者不下数千百起"，《申报》发表反对帝制的时评、杂评达七十九篇之多。③ 面对袁世凯的诱惑，史量才及《申报》始终保持着其政治上的独立地位。

在蒋介石的政权建立以后，史量才也始终与其保持着一定距离和独立

---

① 《二十年来记者生涯之回顾》，《申报·最近之五十年》纪念册。
② 《本馆启事》，《申报》，1915 年 9 月 3 日。
③ 傅国涌：《报有报格：史量才之死》，《书屋》，2003 年第 8 期。

发言的地位。尤其是在"九一八"事变以后,面对蒋介石的对日不抵抗和"攘外必先安内"政策,《申报》发表了大量呼吁人们抗日以及不满政府的文章。"'九一八'事变后的第二天,《申报》就以醒目标题刊出《日军大举侵略东三省》《蔑视国际法,破坏东亚和平》等新闻,并以大量篇幅登载了八十七条战地消息,其中四十五条是《申报》记者第一手采访所得,同时还发表时评《国人疾速猛醒奋起》"。① 在蒋介石下野时,发表时评《欢送》;在蒋介石杀害邓演达之后,带头发表宋庆龄的《国民党不再是一个革命集团》的宣言;1932 年发表时评《论剿匪与造匪》,指出社会黑暗是由统治者的政治黑暗造成的。这一系列犀利、客观的报道和评论触怒了蒋介石,《申报》被禁止邮递。后经过疏通,蒋介石提出三个条件:一是《申报》改变态度,陈彬龢必须离开;二是立即辞退黄炎培、陶行知等;三是国民党中宣部派员指导。史量才权衡之下,接受了前面两条,但断然拒绝了第三条,他说:"《申报》是自力更生的报纸,从没拿过政府津贴,倘若定要派员指导,宁可停刊。"在那样的年头,《申报》却成为望平街上唯一拒绝国民党官方派员进驻的报纸。从 7 月 16 日到 8 月 21 日,停邮 35 天后,蒋介石考虑到《申报》的影响才同意解禁。这一挫折并未打消史量才对新闻独立品格的追求,更以《自由谈》为阵地,对国民党当局发动更猛烈的进攻。为了控制舆论,蒋介石在和史量才进行了一次著名的"你有百万军队,我有百万读者"的谈话之后,史量才为其独立的报格付出了生命的代价。

　　北岩在参观了史量才的《申报》馆之后曾说道:"参观贵馆有种特异之观感,即贵国之报界竟有用最新之组织设备如贵馆者也。鄙意,世界幸福之所赖,莫如有完全独立之报馆,如贵报馆、敝报差足与选……"②其实正如宋军在《申报的兴衰》中所说:"史量才和《申报》的无党无偏,不带色彩的独立精神,并不是没有自己的观点,只是这种观点是不从一个政党或集团的利益出发,而是从大多数人民利益出发。"

---

① 傅国涌:《报有报格:史量才之死》,《书屋》,2003 年第 8 期。
② 庞荣棣:《史量才——现代报业巨子》,上海教育出版社,1999 年,第 105－106 页。

（二）史家办报

1. 史家精神

"史学在中国文化中的地位非比寻常，'取鉴资治、垂训道德'的史家传统一直深刻影响着历代的中国知识分子"。[①] 那么作为史学家要具备哪些史学修养？被历代史家奉为圭臬的"史家精神"又是为何？

许慎的《说文解字》释"史"曰："史，记事者也，从又持中。中，正也。"所谓正，就是不偏不倚，正直、公允、诚实。唐代史学家刘知几在其《史通》中，鲜明地提出坚持直书，反对曲笔；其《直书》《曲笔》两篇，在认识上把中国史学的直笔的优良传统进一步明确。刘知几第一次提出了史学家必须具备史才、史学、史识"三长"的论点。史学，是历史知识；史识，是历史见解；史才，是研究能力和表述技巧。"三长"必须兼备，而史识又是最重要的。史识的核心是忠于历史事实，秉笔直书。史有"三长"之说，被时人称为笃论，对后世也有很大影响。清代史学家章学诚肯定了"三长"理论，但他同时还认为，仅仅具备"三长"还不能算作"良史"，应该在"三长"之外，再加上一个"史德"，即"著书者之心术"，也就是史家作史能否忠实于客观史实，做到"善恶褒贬、务求公正"的一种品德。在章学诚看来，"才、识、学、德四者之中，以史德为要"。其实，刘知几也提到了这一点，只不过他是将这一点放在了"史识"之中，他提出的"正直者，人之所贵，而君子之德也"就是这个意思，只是他没有提出史德这一概念。

除了"史才三长"以外，刘知几主张史家要"据事直书"，用他的话说要"爱而知其丑，憎而知其善，善恶必书，斯谓实录"。这有两层意思：第一层，"善恶必书""不虚美，不隐恶"，强调史家要忠于史职，忠于史实，坚持秉笔直书，反对曲笔阿时；第二层，在书善恶时，不要加上主观成见，"情兼向背，志怀彼我"，而要有"爱而知其丑，憎而知其善"的公正态度。章学诚强调史家应当慎辨于天人之际，即处理好主客观的关系，尊重客观事实而

[①] 李雪：《为社会保存一份信史——论史量才的史家理想》，《湖南社会科学》，2008 年第 4 期。

不掺杂主观偏见。① 因此,把史学家分为三个等级:首先,最高级别是敢于奋笔直书,褒善贬恶,如董狐、南史氏;其次是善于编次史书,传为不朽,如左丘明、司马迁;再次是具有高才博学,名重一时,如周代的史佚、楚国的倚相。

可见,史才、史学、史实、史德是史家必备的修养,即应该具有丰富的历史知识、良好的研究能力和表述技巧、对历史独特的见解,以及优秀的史德。对待历史能够据事直书,做到公正、客观,不掺杂主观偏见。因此,用史家的精神办报就要做到真实、客观、公正;同时还要有秉笔直书,不畏强权的精神境界。

2. 史家办报

1902 年,梁启超在《敬告我同业诸君》中提到了办报的"史家精神"(具体论述参见本书前文相关论述)。

对于新闻和历史、新闻记者和史学家,早期的报人(如谭嗣同、章太炎、蔡元培、胡政之等)有着相似的看法,即新闻和历史之间、新闻记者和史学家之间存在着相似之处,可以用写史的方式记录新闻,新闻记者应该具备史学家的某些素养。

史量才对于报纸和历史的关系也有着深刻的认识,他认为报纸属于历史但却高于历史,认为"日报负直系通史之任务"。他指出:"日报者,属于史部,而更为超于史部之刊物也。历史记载往事,日报则与时推迁。非徒事记载而已也,而必评论之,剖析之,俾读者惩前以毖后,择善而相从。盖历史为人类进化之写真,此则写真之程度,且更超于陈史之上,而其所以纪载行迹,留范后人也,又与陈史相同。且陈史以研究发扬之责,属之后人也;此则于纪载之际,即同尽研究发扬之能事。故日报兴而人类进化之记载愈益真切矣!"②史量才认为日报和历史一样,记录着每天发生的事情,但是与历史不同的是日报还带有评论,需要对事实进行剖析,以加深读者

---

① 许凌云:《史家修养和史学反思》,《齐鲁学刊》,1990 年第 1 期。
② 史量才:《申报六十周年发行年鉴之旨趣》,《申报月刊》,1932 年 11 月 30 日。

对事实的认识,从而使其进行正确的选择,日报对人类社会的发展意义重大。史量才把办报视为记载历史,坚持用对历史高度负责的态度办报,史量才从接手《申报》到最后被暗杀,主持《申报》22 年,这一思想贯穿始终。

史量才接手《申报》以后,发现该报以前 40 年的报纸没有任何保留,感到此事无论对于报馆还是社会,都是巨大的损失。于是开始在《申报》上发布收买全份旧《申报》的告白:本馆现在有人托购自开办日至民国元年一日为止之《申报》一份,如有人完备者或所缺不多者请来本馆接洽,自有相当价值为酬。特此布告。此告白连续发布数日。在重金收买 40 年全份《申报》的广告一登再登之后,一位沪南的花甲老人终被打动,将自己订阅并妥善保存了整整 40 年(仅缺几份)的《申报》捐赠到报馆。史如获至宝,待老人如恩人。① 至于此举之目的,在其后来的《申报创刊两万号纪念》中才向人们阐明了要意:"慨自十七年中兵争倥扰,而国家文献荡然无存,一旦政治清明,朝失而求之于野,此戋戋报纸或将为修史者所取材乎?""《申报》一息尚存亦将奋其老马之力,一洗无功之耻"。② 此外,史量才认为报纸记录历史应保持连贯性,不应有所中断。在 1927 年,《申报》联合《新闻报》《时事新报》《民国日报》抗议政治高压而停刊十几日,史量才非常后悔,认为这是对历史记录的损失,以后不再用停刊这种方式来抗议。史量才以史家的精神办报,为了使报纸更好地记录历史,不仅主持日报,还创办了《申报月刊》,另外还编辑《申报年鉴》,对一年内发生的重大政治、经济及社会问题进行总结,以补充日报、月刊的不足。

史家治史注重据事直书,不发评论,将主观和客观分开,以此保证公正、客观。为了能够使报纸更加客观,史量才对《申报》进行改革,增加新闻的比例,减少评论。我国早期的报刊更多的是言论纸,而往往忽视受众对于新闻的需要,史量才重视新闻在报纸中的作用,强调新闻优先于评论,为了加强新闻报道,特聘当时的著名记者黄远生为《申报》的北京特约通讯

---

① 陈朝祥:《史量才的"史家办报"思想》,《赤峰学院学报》(哲学社会科学版),2009 年 3 月。
② 史量才:《申报发行两万号纪念》,《申报》,1928 年 11 月 19 日。

员,撰写北京通讯,黄远生被刺身亡后,史量才又聘邵飘萍为《申报》特约记者,继续撰写北京通讯;此外,为了更好地报道新闻,史量才在全国各大城市设立通讯处,并逐渐将采访网络扩展到国际上的重要城市,这些都是为了增加新闻的数量,保证新闻的质量,体现了史量才对于新闻的重视。早期美国的一些报纸联合起来成立了港口新闻社,把从各地得来的消息提供给各家报纸,由于当时党派报纸居多,通讯社为使提供的消息适用于各党派,便采用了只叙述事实,不发表意见的报道方式,即所谓"客观报道"。史量才增加新闻的数量,逐渐减少评论的做法与美国早期通讯社的做法有着很强的相似性。

除了和史家一样据事直书,重视事实以外,史量才从不缺乏对抗强权的精神。早在袁世凯复辟帝制之时,就发表了反对帝制的文章数十篇,并拒绝了袁世凯的巨额收买;在国民党统治时期,详细报道了"四一二"反革命政变的真相,并始终坚持拒绝国民党对报纸的控制,拒绝国民党官员进驻该报;对国民党的新闻检查制度通过"开天窗"等方式加以抗议;发表文章抨击国民政府的黑暗;后来在与蒋介石的谈话中留下了"你有百万大军,我有百万读者!"的豪言壮语,并最终以自己的生命践行着史家办报的精神传统。

史量才作为中国历史上著名的民间报人,一生以办报为其职业,出于对国家和社会的责任感,忠于事实,不惧强权,据事直书,客观公正,以史家的精神支撑着其伟大的新闻事业,最终为了报业理想献出了生命。正如章太炎先生为其题写的墓志铭一样:史氏之直,肇自子鱼,子承其流,奋笔不纡。[①]

二、张季鸾与《大公报》的客观性观念与实践

"在中国遭受国内外严重局势之长时期中,《大公报》对于国内新闻与国际新闻之报道,始终充实而精粹,其勇敢而锋利之社评影响于

---

① 庞荣棣:《史量才——现代报业巨子》,上海教育出版社,1999 年,第 221 页。

国内舆论者至巨。该报自 1902 年创办以来，始终能坚守自由进步之政策；在长期作报期间，始终能坚持其积极性新闻之传统；虽曾遇经济上之困难，机会上之不便以及外来之威胁，仍能增其威望。该报之机器及内部人员，曾不顾重大之困难，自津迁沪抵汉以至渝港两地，实具有异常勇气机智与魅力。该报能在防空洞中继续出版，在长时期中间仅停刊数日，实见有非常之精神与决心，其能不顾敌机不断之轰炸，保持其中国报纸中最受人敬重最富启迪意义及编辑最为精粹之特出地位。《大公报》自创以来之奋斗史，已在中国新闻史上放一异彩，迄无可以颉颃者"。[①]

这是 1941 年美国密苏里大学新闻学院授予《大公报》"年度最佳新闻事业服务荣誉奖"的理由，这是中国报纸第一次获此殊荣。《大公报》经历了英敛之（1902～1916 年）、王郅隆（1916～1925 年）、新记公司（1926～1949 年）和新生（1949 后）四个发展时期。《大公报》最为辉煌的时期也就是获此奖项所处的新记公司主办的时期。吴鼎昌、胡政之、张季鸾三人在 1926 年 9 月 1 日，以新记公司的名义接办《大公报》，经费五万元由吴鼎昌从兴业银行的"经济研究"专款中下拨，不接受任何机构的资助，本金赔完为止；三人专心办报，约定在三年内不得担任任何有薪俸的公职。吴鼎昌任社长，张季鸾任总编辑，胡政之任总经理，三人共组社评委员会，研究时事问题，商榷意见，决定言论方针，意见不同时少数服从多数，三人意见各不相同时，服从张季鸾。张季鸾主持《大公报》笔政，其办报思想直接影响着《大公报》的方向，三人之中，张季鸾对该报影响最大。

张季鸾，名炽章，笔名少白、一苇、榆民、老兵等，1888 年 3 月 20 日出生于山东，1941 年 9 月 6 日在重庆去世。其祖上武官居多，父亲名楚林，字翘轩，弃武从文，考取进士，在山东邹平、宁阳担任知县，官运不济，晚年因路费短缺，无法回乡，1900 年在济南病逝。母亲带着张季鸾兄妹三人，

---

① 《大公报》，1941 年 5 月 14 日。

扶柩归葬,历尽艰辛。张季鸾回乡后,在田善堂先生私塾就读,表现优异。榆绥道道台刘兆璜赏识其才华,亲自教授。后又跟随陕西关学大师刘古愚学习,1904年考入三原宏道高等学堂,1905年由该学堂保送到日本留学,至早稻田大学攻读政治与经济学。在日本亲历了保皇派与革命派的论战,并担任陕西留日学生创办的反清刊物《夏声》的总编辑,成为其新闻事业之始。1908年,从日本回国,在关中高等学堂任教两年,然后再赴日本,武昌起义后回国,应邀前往上海参加于右任创办的《民立报》的工作,担任编辑,撰写文章。中华民国临时政府成立后,在于右任的推荐下,任临时政府秘书,撰拟大总统就任的第一篇文告。孙中山辞职后,与于右任、胡政之等人,创办了"民立图书公司"。1911年,与曹成甫在北京创办北京《民立报》,因言论激烈被捕入狱,出狱后应胡政之邀请,担任《大共和日报》国际版主编,并译述日本报刊论文。1915年,和康心如等人在上海创办《民信日报》,激烈反袁,因经费困难停刊。1916年,袁世凯去世,黎元洪接任总统,又与康心如北上,接办北京《中华新报》,并兼任上海《新闻报》驻北京通讯记者,后因刊载揭露安福系政府出卖国家资源的消息,再度入狱,不久被释。1919年,再任上海《中华新报》总编辑,因经营困难至1924年停刊,后短暂担任陇海铁路会办,但因兴趣还是办报,不久接办大公报,开始进入其报业生涯的鼎盛时期。

张季鸾通过早年的办报经历以及其对报业的审视认识到:"中国报界之沦落甚,自怀党见,而拥护其党者,品尤为上,其次,依资本为转移,最下者,朝秦暮楚,割售零卖,并无言论,遑言独立,并不主张,遑言是非……"[①]基于当时的报业现状,张季鸾立志将《大公报》办成一份不依赖任何政党,不接受津贴,独立自主的文人论政的报纸。

(一)文人论政的独立报刊

文人论政思想贯穿于中国的传统文化之中,从战国时期的"处世横

---

① 张季鸾:《新闻报三十年纪念祝辞》,张季鸾:《张季鸾集》,东方出版社,2011年,第335页。

议"、宋代的"书院议政",到明朝的"结社议政",都是文人论政的历史延续。到了近代,报刊这种媒介形式变成了文人论政的主要工具,从王韬的《循环日报》开创了利用报刊进行文人论政为始,到随后的改良派、革命派均利用报刊议论国事,文人论政的传统在中国一直延续着。

"所谓的'文人论政',其出发点是文章报国,是知识分子对国家兴旺的关注,和他们的以天下为己任的襟怀和抱负。古代的这种论政难免有忠君思想,但也会有扶正祛邪,反对奸佞,固本富国,与民休息等内容,代表的是封建社会中的健康力量。近现代以来的这种论政既有浓厚的资产阶级民族主义思想,也有一定的资产阶级民主主义思想,既希望政治清明,国家富强,也要求当政者广开言路,俯顺舆情,同样具有一定的积极意义"。[①] 傅国涌认为中国的文人论政具备五个特点:①公正、客观、理性。如老《大公报》人、历史学家唐振常说的:"文人论政"无非"以其所见,是其是,非其非。""本人民的立场,是其所是,非其所非。是非之间,容或有偏差或欠准确,要之亦可为事实所纠正"。②论政而不从政,公开批评而不介入权力之争。1946 年 9 月 1 日,储安平在《观察》周刊创刊号发表的《我们的志趣和态度》中提出:"我们这个刊物第一个企图,要对国事发表意见。意见在性质上无论是消极的批评或积极的建议,其动机则无不出于至诚。这个刊物确是一个发表政论的刊物,然而绝不是一个政治斗争的刊物……毋须讳言,我们这批朋友对于政治都是感兴趣的。但是我们所感觉兴趣的'政治',只是众人之事——国家的进步和民生的改善,而非一己的权势。同时,我们对于政治感觉兴趣的方式,只是公开的陈述和公开的批评,而非权谋或煽动。"[②]③富有责任感,勇于负责。无论是王韬、梁启超还是张季鸾,他们的言论都体现着他们作为国人的一种责任感,他们通过文人特有的方式针砭时弊,启发国人。④感人至深的爱国情怀。为了国家的利益而发言,其活动中洋溢着至诚的民族情感,在国家利益受到侵害时,他们甚至放

---

① 方汉奇等:《〈大公报〉百年史》,中国人民大学出版社,2004 年,第 3 页。
② 转引自傅国涌:《"文人论政":一个已中断的传统》,《社会科学论坛》,2003 年 5 月。

弃长期追求的自由主义，为国家利益服务。张季鸾在国家利益受损时，宁愿放弃新闻自由，接受国家"统制"。⑤笔锋常带感情。王韬、梁启超、张季鸾的文章感情充沛，带有极大的感染力。①

张季鸾和其《大公报》是中国近代文人论政的典型，文人论政思想可以说是贯彻张季鸾办报活动的始终。这一思想既是其客观性报刊思想的重要思想来源，又是其客观性思想局限的重要原因。胡政之在《季鸾文存》序言中说："季鸾是一位新闻记者，中国的新闻事业尚在文人论政阶段，季鸾就是一个文人论政的典型。他始终是一个热情横溢的新闻记者，他一生的文章议论，就是这一时代的活历史。读者今日重读其文，将处处接触到他的人格与热情，也必将时时体认到这一段历史。季鸾已逝，其文尚存；国族永生，亟待进步。我编《季鸾文存》既竟，既伤老友之逝，尤感国事之待我侪努力者尚多，国人读季鸾之文，倘能识念其一贯的忧时谋国之深情，进而体会其爱人济世的用心，则其文不传而传，季鸾虽死不死！"②对于中国报纸的文人论政性质，张季鸾也有着同样的看法，在《大公报》被密苏里新闻学院授予奖章之后，张季鸾撰文称："中国报有一点与各国不同。就是各国的报是作为一种大的实业经营，而中国报原则上是文人论政的机关，不是实业机关。这一点可以说中国落后，但也可以说是特长。民国以来中国报也有商业化的趋向，但程度还很浅。以本报为例，假若本报尚有渺小的价值，就在于虽按着商业经营，而仍能保持文人论政的本来面目。"③可见，张季鸾认为，虽然中国报业在某些方面落后于世界上其他国家，但是"中国报人的精神，在许多方面断不逊于各国报人，或者还自有其特色"，这一特色就是文人论政，而且文人论政被张季鸾认为是中国报业的一种特长，值得肯定。

之所以对文人论政有着这种认识，一方面是因为张季鸾认为报纸在社

---

① 对于文人论政的五个特点的论述，参考了傅国涌的《"文人论政"：一个已中断的传统》中的观点。

② 胡政之：《〈季鸾文存〉序》，《季鸾文存》第一册，大公报馆，1944年。

③ 张季鸾：《本社同人的声明》，张季鸾：《张季鸾集》，东方出版社，2011年，第366页。

会改革中有着巨大的作用,认为"近代中国改革之先驱者为报纸";①另一方面是因为张季鸾的办报经历,使其亲历了中国的报业由盛而衰的过程,他认识到中国新闻界的堕落应该用文人论政之风来予以改变。他主张报纸"客观纪载,愈求其详,主观论断,更期其勇……公共问题必有主张,社会现象凡百不漏……"即是说,报纸不仅应当刊载客观而详尽的新闻,而且要勇敢地发表评论,对国家大事发表独立见解,只有这样,报纸才能尽到"对于国家社会负有积极的扶助匡导之责任",②也就是说,中国报纸应当就重大的政治事件发表言论,报效国家,引导社会。

张季鸾的文人论政精神不仅承接了早期王韬等人开创的思想传统,而且在其所处的特殊时代又有着新的内涵和特色,《大公报》的"四不主义"就是张季鸾文人论政思想特色的集中体现。

(二)"四不主义"

新记公司接办《大公报》之时,认为应与旧《大公报》有所区别,应该确立新的办报方针。1926年9月1日新《大公报》复刊号一版上同时刊出了《本报启事》《大公报续刊辞》和《本社同人之旨趣》等专题文章,明确公布了其"不党、不卖、不私、不盲"的"四不主义"方针。张季鸾的独立办报理念,主要体现在其"四不主义"里,"四不主义"是文人论政的具体概括。方汉奇指出,文人论政并无固定模式,但到新记《大公报》这里,就被赋予了具体的内容。《本社同人之旨趣》中关于"四不"的详述如下:

> 本社同人投身报业率十余年,兹复以言论与国民相见,识浅力微,无当万一,仅举四端,聊以明志。
>
> 第一不党。党非可鄙之辞。各国皆有党,亦皆有党报。不党云

① 《〈大公报〉一万号纪念辞》,张季鸾:《季鸾文存》(第一册),大公报馆,1944年,第29页。
② 《〈新闻报〉三十年纪念祝词》,张季鸾:《季鸾文存》(第二册),大公报馆,1944年,"附录"第4页。

者,特声明本社对于中国各党阀派系,一切无联带关系已耳。惟不党非中立之意,亦非敌视党系之谓。今者土崩瓦解,国且不国,吾人安有中立袖手之余地? 而各党系皆中国之人,吾人既不党,故原则上等视各党,纯以公民之地位发表意见,此外无成见,无背景。凡其行为利于国者,吾人拥护之;其害国者,纠弹之。勉附清议之末,以彰是非之公。区区之愿,在于是矣。

—报纸不属于任何政治集团

《大公报》与各个党派都没有任何联带关系,不参与任何政治集团。张季鸾在日本留学之时,对于好友征询其加入同盟会的意见时,张季鸾认为:"我是一个文弱书生,立志要当好一个新闻记者,以文章报国。我认为,做记者的人最好要超然于党派之外,这样,说话可以不受约束,宣传一种主张,也易于发挥自己的才能,更容易为广大读者所接受。"①正如 1943 年胡政之在重庆大公报社编辑会议的讲话中提出的"文人论政而不参政"的原则:"中国素来做报的方法有两种:一种是商业性的……专从生意经上打算;另一种是政治性的,自然与政治有了联系,为某党某派做宣传工作,但是办报的人并不将报纸本身当作一种事业,等到宣传的目的达到了以后,报纸也就跟着衰竭了。但自从我们接办了《大公报》以后,为中国报界辟了一条新路径。我们的报纸与政治有联系,尤其是抗战一起,我们的报纸和国家的命运几乎联在一块,报纸和政治的密切关系可谓达到了极点。但同时我们仍然把报纸当作营业做,并没有和实际政治发生分外的联系。我们的最高目的是要使报纸有政治意识而不参加实际政治,要当事业做而不单是大家混饭吃就算了事。这样努力一二十年以后,使报纸真正代表国民说话。"②

《大公报》有一个不成文的规定——不录用有党籍的人,并且不允许本

---

① 徐铸成:《报人张季鸾先生传》,生活·读书·新知三联书店,1986 年,第 36 页。
② 周雨:《大公报史》,江苏古籍出版社,1993 年,第 28 页。

社成员加入党派和政治组织。对于有党籍和帮派的人，甚至有这种嫌疑的人，《大公报》即予以开除或劝退。比如 20 世纪 30 年代初期，天津馆的外勤课主任张逊之，不仅是国民党特务，而且还是帮会头子，而且外勤记者李树芬是张的门徒。胡政之在南下创办上海版之前，果断而巧妙地辞退了李树芬，逼走了张逊之。①

一报纸不偏向于任何政治集团

英敛之《大公报》创刊第二天，即 1902 年 6 月 18 日，发表了《〈大公报〉出版弁言》，明确表示："本报但循泰东西报馆公例，知无不言。以大公之心，发折中之论；献可替否，扬正抑邪，非以挟私挟嫌为事；知我罪我，在所不计。"新记公司接办《大公报》之后，继承了早期《大公报》的宗旨，吴鼎昌也在接办《大公报》的第二天，发表社评《战卜》指出："近年以来，战事缠绵如故，而人心向背不明。祖刘祖吕，左右皆非；兴楚兴汉，端倪未见。"②可见，无论是出于形势不明的原因，还是出于"大公之心"的考虑，《大公报》对待各党派的态度是"等视各党，纯以公民之地位发表意见，此外无成见、无背景。凡其行为利于国者，则拥护之，其害国者，则纠弹之"。

在对待国民党和共产党的态度上，《大公报》以事实为基础，做到客观公正的报道。在对待共产党的态度上，《大公报》虽然在一些问题上有不同看法，也曾有批评，但是，《大公报》也将共产党视作和国民党等其他党派处于同等地位，在报道中，称"中共"和"共军"，而不是像国民党的报纸中称的"共匪"和"匪党"，即使迫于国民党要求其改称"共匪"的压力，也会在报上刊登声明"本报奉命从某月某日起，将中共、共军一律改称为共匪"③，以表示其非自愿的态度。除此之外，在新闻报道上，对中共及其军队作了大量客观公正的报道。1930 年 4 月 11 日，《大公报》报道称：洪湖地区之"红

① 参见曹世瑛：《从练习生到外勤课主任》，周雨编：《大公报人忆旧》，中国文史出版社，1991 年，第 135 页。
② 吴鼎昌：《战卜》，王芝琛、刘自立编：《1949 年以前的大公报》，山东画报出版社，2002 年，第 101 页。
③ 季崇威：《抗战前后的上海大公报》，周雨编：《大公报人忆旧》，中国文史出版社，1991 年，第 230 页。

军第六军""纪律甚严""吃民间饭食，每人给钱五百文，……其零碎私人劫掠，禁之甚严"，并将红军的这一情形与国军军纪败坏的情况做了对比。《大公报》还刊载了范长江的通讯，客观介绍了中国共产党及其红军的真实面貌，宣传了中共的抗日民族统一战线政策，以及抗战爆发后中共的战绩和延安的新风貌；解放战争全面爆发前，发表通讯全面赞颂中国共产党领导下的边区、解放区的崭新风貌，揭露国民党制造内战的真相。

对于《大公报》的"不党"之说，早期很多学者认为"不党"是《大公报》作为资产阶级报纸的虚伪面纱，《大公报》是倾向于国民党的，对国民党是"小骂大帮忙"。方汉奇等人在研究中，都认为应该摘掉《大公报》"小骂大帮忙"的帽子。至于《大公报》是否倾向于国民党或者说为何倾向于国民党，我们姑且不论，《大公报》报人唐振常的话对于我们理解《大公报》的"不党"有着重要的启发，他讲道："近年，大陆报刊对于昔年《大公报》（指1949年以前）每多争论，攻之者以'小骂大帮忙'五字谶语为结，尊之者每反其言，辩曰：对国民党政府，《大公报》何只小骂，且往往大骂焉。双方各举出若干事例以为证。这样的辩论，谁也说服不了谁，将永无结论。窃以为，中国近代报纸的产生，其异于西方商业化报纸者，是文人论政这个特殊的格局。清末至民国，以文人论政为标目的报刊，频频兴起，而显著其成绩。梁启超之办《时务报》《清议报》及后之《新民丛报》；章士钊、蔡元培、吴稚晖、章太炎等之办《苏报》，是其著者。甚而后来章太炎之主《民报》，虽为同盟会之机关刊物，要亦其章太炎、胡汉民、汪精卫等以文人而论政也。《大公报》自1926年以新记公司名义承办，即力主文人论政，以后取得了成功。1941年美国颁授《大公报》密苏里奖章，张季鸾先生临危到会致辞，仍以《大公报》在商业社会中维持了文人论政而自豪自勉。文人论政就是本知识分子之良知，本人民的立场，是其所是，非其所非。其所批评，也许有不准确，甚而不正确，要其所归不是一党一派之利益。从此立论，就无所谓小骂大骂，小帮大帮。"①

---

① 唐振常：《香港〈大公报〉忆旧》，《我与〈大公报〉》，复旦大学出版社，2002年，第13-14页。

第二不卖。欲言论独立,贵经济自存。故吾人声明,不以言论作交易。换言之,不受一切带有政治性质之金钱补助,且不接收政治方面之入股投资是也。是以吾人之言论,或不免囿于知识及感情,而断不为金钱所左右。本社之于全国人士,除同胞关系一点外,一切等于白纸,惟愿赖社会公众之同情,使之继续成长发达而已。

—保持报社的经济独立

经济独立是近代诸多报人的一个梦想,在近代中国报业发展的历史中以及报人的办报实践中可以看出,能否保证报刊的经济独立不仅对于报刊的客观性的保持极为重要,甚至关系报刊能否生存发展。张季鸾曾经和康心如等在上海创办《民信日报》,激烈反袁,因经费困难停刊,张季鸾有着因经济不能独立而办报失败的经历,对经济独立的重要性深有感触。因此,他对经济独立十分重视,从其在《〈新闻报〉三十年纪念祝辞》中的话就可以看出——"……新闻报者独能发挥其在商言商之主义,不求津贴,不卖言论,不与任何特殊势力缔结关系,惟凭其营业能力,步步经营,以成今日海内第一之大报,此诚难能而可贵也。抑察新闻报之发达,皆汪君汉溪之力,汪君不问政治,不兼他业,惟专心一志经营服务,其勤慎精细久而不懈,全国无第二人"。[①] 因此,在新记《大公报》1926 年续刊时,股本是吴鼎昌一人筹措的 5 万元,股东名单分别为:吴鼎昌、盐业银行、中南银行、大陆银行、久大公司、永利公司、经济研究会以及范旭东、张伯苓、周作民。至 1948 年香港版复刊时,《大公报》共有资本 6 亿元,共 6 万股,分属 48 位股东。其中,金钱股东除吴鼎昌外,只有李国钦和王宽诚两人。李国钦是旅美爱国华侨,1945 年 6 月胡政之在美国定购新式印报机等设备,所持 20 万美元不够,于是接受了李入股美金 5 万元。王宽诚是香港人,1948 年 3 月,胡政之到香港复刊港版,赔累甚巨,于是接受王入股美金 2 万元。48 位股东中,胡政之、张季鸾为劳力股,曹谷冰等 27 人为劳绩股,不参与分红。其中

---

① 张季鸾:《新闻报三十年纪念祝辞》,张季鸾:《张季鸾集》,东方出版社,2011 年,第 335 页。

最大股东为吴鼎昌，9750股，其次为胡政之，7500股，张季鸾5000股。从其资本构成来看，《大公报》是一家私人经营的报纸，资金来源都是民族资本，没有任何政治集团的参与。张季鸾在《〈大公报〉一万号纪念辞》上指出："……本社营业，始终赖本国商股，不受政治投资，不纳外人资本。同人接办之日，深感于中国独立的舆论亟待养成，故进一步决定以微资独立经营，不为一般之募股，负责同人并相约不兼任政治上任何有酬之职务。"①

张季鸾《大公报》获得美国密苏里大学新闻学院颁发的荣誉奖章后，在《本社同人的声明》中谈到《大公报》的独立经营时谈道："本报最初股本，只五万元，可谓极小。当初决定，失败关门，不招股，不受投资，不要社外任何补助，五万元刚用完，而营业收支正达平衡。就这样继续经营，自然发展。而在战前，加上劳力股，也不过仅仅成为五十万元一个小公司。我们自信，《大公报》的唯一好处，就在股本小，性质简单。没有干预言论的股东，也不受任何社外势力的支配。因此言论独立，良心泰然。"②在抗战时期，由于重庆遭到轰炸后很多报馆受损，众多报馆联合向政府申请贷款，为了免于因向政府贷款而被控制，《大公报》在处境极为困难的情况下没有参加。

可见，《大公报》在创办之初，保证了资金来源的民间性，"不受一切带有政治性质之金钱补助，且不接收政治方面之入股投资"；《大公报》在运营过程中，顶住了刚开始不赢利的压力，在股本刚刚用完之际，实现了收支平衡，逐渐发展；在当时复杂的社会环境下，经营上也遇到了不少的困难，但《大公报》始终坚守住经济独立的底线，以此来保证言论的独立、客观。

—不以言论作交换

除了保证《大公报》的经济独立，不接受政治性的投资以外，《大公报》为了保证其客观公正，还坚持"不以言论作交易"。在《今后之〈大公报〉》中，张季鸾又重申了这一观点："本报经济独立，专赖合法营业之收入，不接

---

① 张季鸾：《〈大公报〉一万号纪念辞》，张季鸾：《张季鸾集》，东方出版社，2011年，第17页。
② 张季鸾：《本社同人的声明》，张季鸾：《张季鸾集》，东方出版社，2011年，第366页。

受政府官厅或私人之津贴补助。同人等不兼任政治上有给之职。本报言论纪载不作交易,亦不挟成见,在法令所许范围,力期公正,苟有错误愿随时纠正之。"①

　　第三不私。本社同人,除愿忠于报纸固有之职务外,并无私图。易言之,对于报纸并无私用,愿向全国开放,使为公众喉舌。

　　一报纸与报人应有无私精神,保持客观

英敛之在创办《大公报》之时,取名为"公",就有不私之意,"忘我之为大""无私之为公",即"以大公之心,发折中之论"。可见,"大公"是英敛之时期《大公报》的重要指导思想,新记公司接办《大公报》之后,继承了这一思想,并将这一思想概括为"不私"。1941 年 5 月,《大公报》获美国密苏里新闻奖章后,张季鸾在社评《本社同人的声明》中指出:"我们同人,是职业报人,毫无政治上事业上的甚至名望上的野心。就是不求权,不求财,并且不求名。"②胡政之、张季鸾在对美国广播致辞中亦说:"同人相约不作政治活动,不求权势财富,亦不求虚名。……我们对全国任何个人或党派并不无说好或说坏的义务。除去良心命令以外,精神上不受任何的约束,我们在私的意义上,并不是任何人的机关报,在公的意义上,则全国任何人甚至全世界任何人,只要在正义的范围,都可以把《大公报》看作自己的机关报使用。"胡政之在 1943 年说,《大公报》之所以能够"迭次化险为夷""一个要紧关键,就是我们三人都是为办报而办报,为国家民族利益说话,绝对没有私心成见,更从来不以报来沽名谋利"。③

在《无我与无私》一文中,张季鸾对"无私"精神做了深入的阐释,他指出:"在撰述或记载中,竟力将'我'撇开。根本上说:报纸是公众的,不是'我'的。当然发表主张或叙述问题,离不了'我'。但是要极力尽到客观的

---

① 张季鸾:《今后之〈大公报〉》,张季鸾:《张季鸾集》,东方出版社,2011 年,第 344 页。
② 张季鸾:《本社同人的声明》,张季鸾:《张季鸾集》,东方出版社,2011 年,第 366 页。
③ 胡政之:《回首一十七年》,《大公园地》,1943 年 9 月 5 日。

探讨,不要把小我夹杂在内。举浅显之例解释,譬如发表一主张,当然是为主张而主张,不(要夹杂)上自己的名誉心或利害心,而且要力避自己的好恶爱憎,不任自己的感情支配主张。"①这种以事实为依据,将主观感情和认识与客观事实分开的做法即使在新闻业十分发达的今天也是十分重要的,张季鸾在当时的历史条件下能提出这一将主观与客观分开的新闻思想,实属难能可贵。张季鸾自身也认识到,要完全做到无私是很难的,他说道:"彻底的无私,难矣,所以最要是努力使动机无私。报人立言,焉得无错,但只要动机无私,就可以站得住,最要戒绝者,是动机不纯。"②

——报纸应为公共利益服务,为国民服务

张季鸾认为,报纸是社会公共舆论机关,应该为全社会服务,且不应具有国界之限,应以服务全人类的利益为目标。"自根本上讲,报人职责,在谋人类共同福利,不正当的自私其于国家民族,也是罪恶。以中国今天论,我们抗日,绝非私于中国。假若中国是侵略者,日本是被侵略者,中国报人就应当反战。现在中国受侵略,受蹂躏,所以我们抗拒敌人,这绝对是公,不是私。至于就国家以内言,更当然要以全民福利为对象。报人立言不应私于一部分人,而抹煞他部分人;更不能私于小部分人,而忽略最大部分的人。这本是老生常谈,但实践起来却不容易"。③

报纸为公共利益服务,就应该使得报纸成为公共论坛。张季鸾主张舆论对于指导社会发展有着重要的作用,而舆论的形成是辩论、研究的结果,报纸应该向国民开放,各种观点应该在报纸上碰撞,辩论,使之成为舆论形成的场所。他在《〈大公报〉一万号纪念辞》上指出:"追念中国近代之苦痛,感于时事之所需,深愿贡献此一略有基础之小事业于全国国民之前,自今日始,更愿听全国国民之指导督责,而期其援助与合作。盖同人始终抱一理想焉,以为舆论之养成,非偶然也,必也集全国最高智识之权威,而辩论,而研究之,最后锻炼成之结晶体,始为舆论。依此舆论而行之政治及社

---

① 张季鸾:《无我与无私》,张季鸾:《张季鸾集》,东方出版社,2011年,第460页。
② 张季鸾:《无我与无私》,张季鸾:《张季鸾集》,东方出版社,2011年,第461页。
③ 张季鸾:《无我与无私》,张季鸾:《张季鸾集》,东方出版社,2011年,第461页。

会事业,始能不误轻重缓急,不入迷途。国家果有此等舆论,始可永免内乱,可不受障碍而迈进。夫报纸者,表现舆论之工具,其本身不得为舆论,即同人自念,其所有者,惟若干经验与常识耳。建国大业,何知何能,是惟有公开于全国国民,请求其充分指导,督责,援助,合作,敢望全国之政治家教育家各种科学之专门家,及各种产业之事业家,凡所欲言,可在本报言之,其互辩者,在本报辩之。"①

为了实现报纸作为社会公共论坛的这一目标,1934年开始,《大公报》开设专门的"星期论文"专栏,倡导兼容并包的原则,刊载各个派别作者的文章。据统计,从1934年1月到1949年6月,新记《大公报》共发表"星期论文"750余篇,作者多达200余人。其中发表"星期论文"15篇以上的,有"胡适(19篇)、傅斯年(22篇)、吴景超(15篇)、陈衡哲(17篇)、陶孟和(15篇)、张其昀(34篇)、沙学浚(15篇)、周太玄(15篇)、何承佶(16篇),谷春帆(31篇),伍启元(16篇);发表10篇以上的,有丁文江(11篇)、黄炎培(12篇)、方显庭(13篇)、陈傅生(10篇)、费孝通(11篇)、等等"。②《大公报》真正实现了"对于报纸并无私用,愿向全国开放,使为公众喉舌"的宗旨和目标,正如张季鸾在《今后之〈大公报〉》中所说:"凡公人行动,苟其动机为公,纵见解偏颇,原则上亦一律尊重之,所深恶而痛绝者,惟违背民族利益丧失国民立场之人耳,抑团结非空言所致,所贵讨论意见,凝结感情。本报深愿继续努力于斯,在法律禁令范围内,公开本报为全国人讨论交换意见之用。"③

第四不盲。不盲者,非自诩其明,乃自勉之词。夫随声附和,是谓盲从;一知半解,是谓盲信;感情冲动,不事详求,是谓盲动;评诋激烈,昧于事实,是谓盲争。吾人诚不明,而不愿自陷于盲。

---

① 张季鸾:《〈大公报〉一万号纪念辞》,张季鸾:《张季鸾集》,东方出版社,2011年,第18−19页。
② 周雨:《大公报人忆旧》,中国文史出版社,1991年,第79页。
③ 张季鸾:《今后之〈大公报〉》,张季鸾:《张季鸾集》,东方出版社,2011年,第344页。

不盲主要是指要有独立的见解,对客观事实进行理性的分析,对事实的判断不受他人意见、感情等其他因素的影响。

在日本发动"九一八"事变以后,主张对日本进行全面抵抗的呼声占据了全国舆论的主流,《大公报》并没有受到这种舆论浪潮的影响,而是通过对中日实力的分析,认为应该保存实力,暂时隐忍,以期实力增强之后再与日本进行决战。胡政之说:"张先生同我两人,在报界都是科班出身,我们当过翻译、编辑、采访、撰述,一直没离开过岗位。所以认识的国外同业,尤其是日本同业最多。因为我们都曾在日本读过书,对于日本事情,平常相当知道,为了职业的关系,同日本报界有二十年以上的接触,所以对于日本政治军事情形也不十分隔膜。"①《大公报》根据所了解到的客观形势,对事实作出自己的判断,并将这一主张在报纸上表达出来,极力劝阻民众的激烈情绪。

《大公报》的做法为当时的国人所不理解,并遭到了国人的批评,但是《大公报》认为国家大事不是像个人受辱之后奋起反击那么简单,其利害关系非比寻常,因此即使受到国民的批评也会坚持自己的理性观点。《大公报》还提出了面对当前情势应该采取的做法,认为应当加强国家的综合实力,为与日本进行持久战做准备;此外,《大公报》主张政府应该恪尽职守,并为丢失国土的行为向国人道歉,号召国内各派势力以国家利益为重,不起内争,"无论如何,须恢复统一,须维持舞台。须绝对不起内争,尤其不许有兵争!须以群力维持金融财政!在朝者应极力向国人谢罪,在野者则不应趁机有所企图。至于官吏个人进退之间,应以其适不适需不需为准,适者需者,皆可留,不适不需则可去。然在官者皆应恪尽职守,去职者,亦需援助政府,而多年在野之一切人物,当此时机,苟有所贡献于国家,应努力贡献……"②

---

① 胡政之:《社庆日追念张季鸾先生》,周雨编:《大公报人忆旧》,中国文史出版社,1991年,第254页。
② 张季鸾:《望军政各方大觉悟》,张季鸾:《张季鸾集》,东方出版社,2011年,第162页。

（三）国家中心主义统摄下的客观性办报观①

《大公报》的"四不主义"就是张季鸾文人论政思想特色的集中体现。文人论政一般都具备感人至深的爱国情怀，为了国家的利益而发言，其活动中洋溢着至诚的民族情感，张季鸾更是如此。在《归乡记》中，他写道："我的人生观，很迂浅的，简言之，可称为报恩主义。就是报亲恩，报国恩，报一切恩！……感到亲恩应报，国恩更不可忘。全社会皆对我有恩，都应该报。现在中华民族的共同祖先，正需要我们报恩报国，免教万代子孙作奴隶！"②

张季鸾的客观性办报观是在国家中心主义统摄之下的，以维护国家利益为最高准则，抗日战争的爆发是其国家中心主义理论提出的重要背景。最早在"九一八"事变之后，张季鸾在《望军政各方大觉悟》一文中指出，"无论如何，须恢复统一……不许有兵争……在野者不应趁机有所企图……多年在野之一切人物，当此时机，苟有所贡献于国家，应努力贡献，无所贡献，则姑静观之，勿如国家以困难……"③张季鸾在日本侵占东北之时，就已经出现了国家中心主义思想的萌芽，在西安事变爆发后，张季鸾在《西安事变善后》一文中再次表达了他的这种观点——"夫国家必须统一，统一必须领袖，而中国今日统一之底定即领袖之养成岂易事哉？十年来国家以无量牺牲，无量代价，仅换得此局面，尚再逆退，将至自亡"。④张季鸾的国家中心主义思想早已有之，只是并未明确提出这一观点，正式提出这一观点是在1941年发表的《读周恩来先生的信》一文中，指出"因为民族自卫的需要上，是应当迅速从无组织到有组织，从非国家到是国家，从内乱分裂到和平统一，从散漫麻痹不能自主自卫到运用灵活能够自主自卫，从不

---

① 有学者将张季鸾的这种思想概括为"自由民族主义"，但实质上自由民族主义仍是以维护国家利益为根本落脚点。
② 张季鸾：《归乡记》，张季鸾：《张季鸾集》，东方出版社，2011年，第374页。
③ 张季鸾：《望军政各方大觉悟》，张季鸾：《张季鸾集》，东方出版社，2011年，第162页。
④ 张季鸾：《西安事变善后》，张季鸾：《张季鸾集》，东方出版社，2011年，第297页。

能抗战战亦速败到能够抗战战而不败。这一段落的工作,甚紧要,亦甚艰难……而这工作是民族独立建国的绝对需要,所以其力量非常强大,任何障碍皆不能阻其前进……敌我的形势,自己的国力,世界的时机,都绝不容许存一种观念,以为现在的国家中心失败了,还可以再建一个中心,然后将国家再组织再统一起来,这样的事,是必无的。'九一八'以后,中国只有这一段时机可以建国,现在抗战四年了。若使现在的国家中心失败了,那就是亡国之局。所以一般军民同胞的基本认识,是必须拥护国家中心……以贯彻自主自卫之目的。这是唯一的路,此外无路"。①

1. 客观性思想的具体表现

第一,重视客观的报道新闻。"报纸生命,首在新闻,盖应能反映中国之全部重要问题,以满足救亡建国途中国民之一切需要",②张季鸾和《大公报》重视新闻,并力图对新闻进行客观报道。《大公报》的专电、特写、长篇通讯都多于其他报纸,很多独家报道更是影响深远,旅行通讯、战地报道尤有特色。为了能够客观报道新闻,《大公报》建立了全国新闻网。在北平、南京、上海与汉口设立办事处,驻有专人负责采访新闻。另外在广州、重庆、西安、兰州、青岛、济南、太原、郑州、开封、南昌、长沙、徐州等四十多个城市设有通讯记者(可拍电报)。此外,还在一千多个城市设有通讯员,如此构成一个完整的全国性新闻采访网。③

在新闻报道上,张季鸾及《大公报》,力求以事实为基础,客观公正。在前面介绍"四不主义"的时候,我们讲过在对国共两党的报道中,对双方都有客观公正的报道。"如北伐战争时期,《大公报》公开反对孙中山的联苏联共扶助农工的三大政策,但在'四一二'反革命政变发生后,它也著论指斥蒋介石滥杀青年,残民以逞。土地革命战争时期,它一方面反对共产党领导的工农武装斗争,对工农红军做过不少歪曲报道,但另一方面比较客

① 张季鸾:《读周恩来先生的信》,张季鸾:《张季鸾集》,东方出版社,2011年,第447页。
② 张季鸾:《本报复刊十周年纪念之辞》,张季鸾:《张季鸾集》,东方出版社,2011年,第349页。
③ 陈纪滢:《报人张季鸾》(三版),重光出版社,1971年。转引自李瞻:《报业巨星张季鸾先生》,《国际新闻界》,2010年第9期。

观地报道过红军的两万五千里长征,尤其是中共中央关于建立抗日民族统一战线的主张。抗战时期,《大公报》倡言国家中心论,坚决拥蒋;但在抗战初期,也较客观地报道了八路军的战绩,主张团结抗战。抗战胜利后,《大公报》一面反对共产党'另起炉灶',指责人民武装破坏交通,把内战的责任推到共产党身上;一面也反对蒋介石的内战政策,指斥国民党达官大吏的腐败,并同情国统区学生的'反内战、反饥饿'运动"。①

第二,要求记者无我与无私,加强对记者的专业性培养。张季鸾在《无我与无私》一文中,指出"新闻记者于处理问题,实践职务之时,其基本态度,宜极力做到无我与无私。……要纯采客观的态度,就是一切以新闻价值为标准"。② 该报记者范长江是从国统区进入延安的第一位中国记者,报道了长征和陕北的真实情况。1944 年 6 月,美、英在欧洲开辟第二战场,萧乾成为欧洲战场上唯一的中国记者。《大公报》很注重人才的专业主义培养,对于要继续深造的记者,不但支持,而且还照付薪水。报社主动送编辑记者去学校进行专业培训。正是由于《大公报》对于记者专业素质的重视,其从业们成为业内的佼佼者,如范长江、萧乾、徐铸成和王芸生等人,同时他们也成就了《大公报》的辉煌。

第三,加强报纸的评论,对新闻表达独立、客观的见解。张季鸾认为报纸如果只是客观地报道新闻,只能算"无负社会";报纸还必须充分发挥评论的重要作用,积极勇敢地对国家大事表达独立的见解,尽"对于国家社会负有积极的扶助匡导之责任"。

张季鸾主张言论应该公正,原《大公报》报人回忆道:"他曾对我们谈评论写作,第一要不偏,第二要不滥,不偏则意旨平正,不滥则文字清晰。"③在写作中坚持"立意至公,存心至诚,忠于主张,勇于发表"④的言论信条。"新记《大公报》社评多由张季鸾、王芸生亲自执笔,选题从百姓疾苦

---

① 谢国明:《试论新记〈大公报〉的报业机制》,《新闻大学》,1985 年第 11 期。
② 张季鸾:《无我与无私》,张季鸾:《张季鸾集》,东方出版社,2011 年,第 460 - 461 页。
③ 周雨:《〈大公报〉人忆旧》,中国文史出版社,1991 年,第 258 页。
④ 方汉奇:《〈大公报〉百年史》,中国人民大学出版社,2004 年,第 263 页。

到政府腐败,从时局变化到前方战事,从国内事变到国际形势,无不持论公正、态度严谨,摆脱了自王韬始,经梁启超、章太炎等发展而来的'设言立说'的报刊政论模式,完成了从报刊政论向新闻评论的过渡,开始成为'对于新闻的评论',反映出新闻专业主义的追求"。①《大公报》不仅注重社评的客观公正,而且还注重意见的多元,其"星期论文"专栏刊载社会上各派的文章,为各种意见的表达提供了一个平台。

2. 国家中心主义下的客观性转变

第一,独立的报刊变为国家的宣传工具。《大公报》复刊时提出的"四不主义"明确地体现出其独立性,《大公报》上海版创刊之时,张季鸾在《今后之〈大公报〉》一文中再次指出:"本报将继续贯彻其十年前在津续刊时声明之主旨,使其事业永为中国公民之独立言论机关,忠于民国,尽其职分。……本报经济独立,专赖合法营业之收入,不接受政府官厅或私人之津贴补助。"②"《大公报》的惟一好处,就在股本小,性质简单。没有干预言论的股东,也不受任何社外势力的支配。因此言论独立,良心泰然"。③ 建立在经济独立之上的独立报刊一直是张季鸾及其《大公报》人的奋斗目标,独立办报的成功也一直是《大公报》人所引以为自豪的,也是《大公报》能够闻名世界,并获得美国密苏里大学新闻学院荣誉奖章的重要原因。

然而,《大公报》的这种独立性是在国家中心主义的统摄之下的,当国家利益与独立性相矛盾时,其独立性会自觉地让渡于国家利益,抗日战争的爆发使得这种让渡的条件完全具备。1938 年,《大公报》被迫从武汉迁往重庆出版,张季鸾发表《本报移渝出版》一文,指出:"我们相信在这抗战期间,一切私人事业,精神上都应为国家所有。换句话说,就是一切的事业都应当贡献国家,听其征发使用。各业皆然,报纸岂容例外。"④在《抗战与

---

① 张丽萍:《新记〈大公报〉:从"文人论政"到"新闻专业主义"》,《内蒙古大学学报》(哲学社会科学版),2008 年 7 月。

② 张季鸾:《今后之〈大公报〉》,张季鸾:《张季鸾集》,东方出版社,2011 年,第 343－344 页。

③ 张季鸾:《本社同人的声明》,张季鸾:《张季鸾集》,东方出版社,2011 年,第 366 页。

④ 张季鸾:《本报移渝出版》,张季鸾:《张季鸾集》,东方出版社,2011 年,第 360－361 页。

报人》中,他再次指出:"本来,任何私人事业,与国家命运不可分,报纸亦然。自从抗战,证明了离开国家就不能存在……"①

因此,对于报纸的性质,张季鸾认为报纸已经不再是私人事业,而应作为国家的舆论宣传机关,为国家的利益服务,"所以本来信仰自由主义的报业,到此时乃根本变更了性质。就是,抗战以来的内地报纸,仅为着一种任务而存在,而努力。这就是为抗战建国而宣传,所以现在的报纸,已不应是具有自由主义色彩的私人言论机关,而都是严格受政府统治的公共宣传机关。国家作战,必须宣传,因为宣传战是作战的一部分,而报纸本是向公众做宣传的,当然义不容辞地要接受这任务"。②

第二,对言论自由权的让渡。"中国报人本来以英美式的自由主义为理想,是自由职业者的一门。其信仰是言论自由,而职业独立。对政治,贵敢言,对新闻,贵争快,从消极地说,是反统制,反干涉。近多年来,报纸逐渐商业化,循着资本主义的原则而进展。其结果,只有大规模经营的报纸,能以发达,已不是清末报业初期文人办报的简陋情形。此种商业性质,其本身限制了言论自由,但因经济雄厚之故,对于报人职业的独立,却增加了保障。所以从大体上说,中国报业是走着英美路线"。③ 可见,张季鸾及《大公报》人崇尚西方的言论自由,主张走商业化的自由经营之路,反对政府统制和干涉,认为政府应该保护言论自由,"军政机关亦自须时加反省,苟报纸在法律范围,允不得以喜怒爱憎为偏颇或苟酷之处分。互尊立场,而各尽职务,乃所希望者也"。④

然而,抗战爆发后,张季鸾对言论自由的态度发生了很大的转变,"离开国家就不能存在,更说不到言论自由。在平时,报纸要争新闻,这是为着事业,也为着兴味。但在这国家危辱关头,这些问题,全不成问题了……"主张放弃新闻自由,并主动希望能够接受政府控制,自愿接受新闻检查,

① 张季鸾:《抗战与报人》,张季鸾:《张季鸾集》,东方出版社,2011年,第362页。
② 张季鸾:《抗战与报人》,张季鸾:《张季鸾集》,东方出版社,2011年,第362-363页。
③ 张季鸾:《抗战与报人》,张季鸾:《张季鸾集》,东方出版社,2011年,第362页。
④ 张季鸾:《关于言论自由》,张季鸾:《张季鸾集》,东方出版社,2011年,第342页。

"抗战以后,在汉在渝,都衷心欢迎检查。因为生怕经载有误,妨碍军机之故。中央宣传部本是指导报界的最高机关,抗战以来,我们更竭诚接受其指导。我们自信:这样一个渺小的存在,惟有这样忠纪律,守统制,时刻本着抗战建国纲领工作……"①张季鸾之所以将长期坚守的新闻自由原则让渡于政府统制,其根源就是国家中心主义的思想,而这一思想又源于其"报亲恩,报国恩"的报恩主义思想。

第三,客观性原则的丧失。张季鸾奉行国家中心主义的原则,在这一原则的指导下,对于当时的蒋介石整体上是持拥护态度的。然而,由于国民党宣传势力的渗透,作为一个独立的、不受任何政治势力控制的报刊在奉行了这一原则之后,客观性原则不可避免地受到了损害或丧失,这一点在西安事变时期《大公报》的报道中表现地较为明显。

1936 年 12 月 12 日,张学良、杨虎城对到西安视察"剿共"的蒋介石实行兵谏,要求放弃"攘外必先安内"的政策,停止内战,一致抗日,这就是震惊中外的西安事变。在西安事变期间,张季鸾及《大公报》共发表了 12 篇社评,《西安事变之善后》《再论西安事变》《望张杨觉悟》《讨伐令下之后》《给西安军界的公开信》《祖国利益高于一切》《张学良的叛国》(星期论文)、《国家进步之表现》《中国不做西班牙》《共同维系向心力》《国民良知的大胜利》《迎蒋委员长回京》《一言兴邦》。从 1936 年 12 月 14 日起至 1936 年 12 月 28 日,《大公报》除了 22 日和 24 日以外,每天刊发一篇关于西安事变的社评。

这些社评,矛头直指张学良和杨虎城,认为他们的做法是"劫持统帅,动摇人心",应该"赶紧去向蒋先生谢罪吧!你们快把蒋先生抱住,大家同哭一场!"②张季鸾及其《大公报》的这些社评,片面地认为这一事件的爆发是由于张杨的错误,而没有对这一事件的根本原因进行深入分析,没有认识到这一事件的发生根本上是由于蒋介石长期奉行不抵抗政策,表现出的

① 张季鸾:《抗战与报人》,张季鸾:《张季鸾集》,东方出版社,2011 年,第 363 页。
② 张季鸾:《给西安军界的公开信》,张季鸾:《张季鸾集》,东方出版社,2011 年,第 304 页。

不仅是对国家中心主义的贯彻,更多地表现出的是对蒋介石的忠诚,奴性十足。在其所有的社评中,也仅是支持蒋介石一方的声音,并没有做到言论的平衡、客观。

另外,由于国民政府将西安与外界的联系切断,各方态度在事变期间也难以为外界所了解,中国共产党主张和平解决西安事变,而《大公报》在不了解实际情况的情况下,罔顾中国共产党的正确主张,更体现出了其对中国共产党的主观偏见,与其所倡导的"四不主义"相差甚远,丧失了客观性的报刊原则。

《大公报》和张季鸾在西安事变中希望以和平方式解决此事的态度是正确的,也是对当时国内外局势合理分析所作出的理性建议,并且这一建议与中国共产党的做法是一致的。然而,其所发表的社评完全倒向了蒋介石一方,其间对于蒋介石的溢美之词与客观事实相差甚远,对于张学良和杨虎城的评价也有失公允,没有对事件原因做深入客观的剖析。总之,并没有体现出一个商业独立报刊所应有的冷静、客观、平衡等优秀品质,违背了其所长期强调的客观性办报原则。

(四)《大公报》的客观性思想之于西方新闻专业主义

由美国新闻界发展起来的新闻专业主义主要由四条信念构成:新闻媒介摆脱外界干涉,摆脱来自政府、广告商甚至公众的干涉;新闻媒介为公众的知晓权服务;新闻媒介探求真理,反映真理;新闻媒介客观公正地报道事实。[①]

张季鸾和《大公报》坚持文人论政的独立办报方针,提出了不党、不私、不卖、不盲的"四不主义":不受政府、其他政治势力的干涉,独立发表意见,对于社会上各个政治势力基本能够做到一视同仁,较为全面、客观地报道事实,发表意见;不谋私利,为社会公益服务,立志将报纸发展成为社会公共论坛,为了公众的利益多次发起社会公益活动;报纸坚持经济独立,不

---

① 〔美〕赫伯特·阿特休尔:《权力的媒介》,黄煜、裘志康译,华夏出版社,1989年,第113页。

接受任何政治势力的津贴、资助,不以报纸做交易,拒绝收买;有着独立的
见解,通过对事实的深入分析发表意见,宁可使发行量受损,也不盲目发表
意见。

　　张季鸾和《大公报》之所以能够坚持独立办报,朝着西方新闻专业主义
的方向努力,是与当时的社会条件分不开的。一方面,在政治上,新记《大
公报》处于军阀混战时期,是国内局势不稳定的时期,"虽然民族矛盾是主
要矛盾,但是国内依然存在政权的争夺。所以这个时期,中国实际上存在
几种性质相异的权力体系,彼此间的僵持与对抗,使谁都无法实现其政治
全能主义的梦想,从而使中国的政治文化处于支离破碎的状态"。① 当时
的政治形势,为其坚持西方专业主义提供了存在的夹缝;另一方面,在经济
上,中国民族工商业的发展,使《大公报》的经营有着良好的社会经济基础。
在五万元启动资金的基础上,《大公报》很快实现了经济的自主运营,经济
独立是报纸能够生存发展并最终实现言论独立的重要条件。

　　张季鸾和《大公报》的许多理念和实践都与西方专业主义中对于客观
性的要求不谋而合,由于其受到中国传统的文人论政办报思想的主导,奉
行国家中心主义的原则,他们不但没有脱离政治,反而始终在"充任社会良
心的同时积极参与现实政治,并试图将现实政治朝着自由的路上引
导"。②《大公报》曾发表社评对知识分子的责任进行探讨,指出:"知识分
子之为社会的活力,不在位高爵显,不在财富倾城,而单凭了他们见解深
阔,勇气磅礴,而致一言兴邦的伟绩……成为今日中国知识文化中心之一
的上层知识分子,必须脱去沉默旁观态度,坚握当前的政治责任,发为声
音,造成独立健全的舆论,方能与政治相辅相成,并轨前进。"③

　　由于与政治的交合,在面临特殊的政治形势之时,《大公报》对新闻自

_____

① 向翠林:《〈大公报〉新闻专业主义精神及其对于今天的启示》,《西南民族大学学报》(人文社科
　版),2005 年第 10 期。
② 向翠林:《〈大公报〉新闻专业主义精神及其对于今天的启示》,《西南民族大学学报》(人文社科
　版),2005 年第 10 期。
③《上层知识分子的责任》,《大公报》,1940 年 5 月 10 日社评。转引自张育仁:《自由的历险——
　中国自由主义新闻思想史》,云南人民出版社,2002 年,第 18 页。

由、客观性等原则的坚守并不彻底,但其基本精神已经达到了专业主义的各项要求,使中国报刊的专业主义达到了一个新的高度,正如李金铨所评价的那样:"在(20世纪)二十年代,中国报业已经发展出一套相当成熟的新闻理念,与西方报业追求新闻客观、言论独立的意识相通,其中以天津《大公报》所揭橥的'不党、不私、不卖、不盲'四大原则为翘楚,实则效法《纽约时报》'无私,无惧'(without favor, without fear)的纲领,这正是今天所谓'媒介专业主义'(media professionalism)的基本精神。"①

---

① 李金铨:《香港媒介专业主义与政治过渡》,《新闻与传播研究》,1997年第2期。

第四章
早期客观性思想的命运与归宿

近代报刊传入中国以后,具有开明思想的中国人将其作为一种新事物,逐渐接受、利用并将其发展到了初步的规模。早期的国人在办报中形成了一些先进的思想、理念,我们在前面谈到,创办追求独立、客观的报刊是早期国人在办报实践中逐渐形成的先进思想,他们要求报纸具有独立的地位,要求报道真实客观,注重平衡,形成了初步的报刊客观性思想。然而,由于这一时期特殊的历史条件以及参与办报国人自身的一些认识局限,这一时期所形成的报刊客观性思想还存在着不少缺陷,具有那个时代独特的历史特点。

第一节　早期客观性思想的主要特点

一、理论与实践上的冲突

(一)客观性与现实宣传手段之间的冲突

以梁启超为例,他在办报时主张应有史家精神,不仅要保证报纸有真实性,同时应该不畏强权,言论独立。在《〈时报〉发刊例》中,他写道:"本报纪事,以确为主。凡风闻影响之事,概不登录。若有访函一时失实者,必更正之""本报纪事,以正为主。凡攻讦他人阴私,或轻薄排挤,借端报复之言,概严屏绝,以全报馆之德义"。① 可见,梁启超是主张报纸客观报道的。

但是在实际的办报活动中,梁启超的政治观点处于不断的变动之中,从维新到接触革命思想,从革命到保皇,从保皇到立宪,这些变动都直接地反映在了其所办的报刊之中。以其主办《清议报》为例,其在《清议报》上的言论,最初表现出的是戊戌变法后的悲观情绪和对清政府和慈禧太后的抨击,为了配合自己的观点有时甚至是脱离客观性基础的,在其言论中存在不少欺骗性的宣传。在《与严幼陵先生书》中,梁启超甚至说道:"非不自知其不可,而潦草塞责,亦几不免。又常自恕,以为此不过报章信口之谈,并非著述,虽复有失,靡关本原。"②在实际办报过程中,梁启超的做法与其真实、客观的观念是相背离的。所以,尽管梁启超曾以报业领袖的身份在新闻界叱咤风云,而他于1903年公开反对群众革命斗争,为了攻击对立面不惜歪曲事实、造谣中伤的时候,新闻报道和言论已经逐渐丧失了存在的基本条件——真实性,这也是梁启超领导的《新民丛报》在后来与革命派论战中失败并导致该报倒闭的重要原因之一。并且,这种注重操纵舆论、强化宣传效果而忽视新闻的真实性的做法,将宣传凌驾于新闻之上,对后来办报者为灌输某种思想与精神而忽略新闻的真实性与客观性的政治功利思想产生了一定的影响。③

梁启超在《新民丛报》创刊号上刊载的《本报告白》中宣布:"本报取《大学》'新民'之意,以为欲维新中国,当先维新我民。中国之所以不振,由于国民公德缺乏,智慧不开。故本报专对此病开药治之。务采合中西道德以为德育之方针,广罗政学理论以为智育之原本。本报以教育为主脑,以政论为附从,但今日世界之所趋,重在国家主义之教育,故于政治亦不得不洋,惟所论务在养吾人国家思想,故于目前政府一二事之得失,不暇沾沾辞

① 《〈时报〉发刊例》,《中国新闻史文集》,上海人民出版社,1987年,第67页。
② 梁启超:《与严幼陵先生书》,李华兴、吴嘉勋编:《梁启超选集》,上海人民出版社,1984年,第39页。
③ 雷蕾:《徘徊在理想与现实的关口》,湖南师范大学硕士学位论文,2005年,第32页。

费也。本报为中国前途期间,一以国民公益为目的,持论务极公平,不偏与一党派。不为灌夫骂座之语,以败坏中国者,咎非专在一人也,不为危险激烈之言,以导中国进步当以渐也。"梁启超在此主张语言平和、适度,该主张具有初步的新闻专业主义特点。

然而,在现实中为了达到好的宣传效果,梁启超主张使用激烈的言论,或用"骇"的手法来实现宣传目标。在《敬告我同业诸君》中,梁启超讲道:"故某以为业报馆者既认定一目的,则宜以极端之议论出之,虽稍偏稍激焉而不为病。何也?吾偏激于此端,则同时必有人焉偏激于彼端以矫我者,又必有人焉执两端之中以折衷我者,互相倚,互相纠,互相折衷,而真理必出焉。若相率为从容模棱之言,则举国之脑筋皆静,而群治必以沈滞矣。夫人之安于所习而骇于所罕闻,性也。故必变其所骇者而使之习焉,然后智力乃可以渐进。"①

可以看出,梁启超在此处主张为了达到好的宣传效果可以采取极端的手段,只要这种手段适合受众的心理需求,但是这是以牺牲新闻的客观性为代价的。梁启超的这一做法充分体现了当时的时代特点——近代国人办报具有强烈的现实性和功利性,只要能够实现其政治目标,新闻的客观性观念会自然地落入到服务政治目标的窠臼里,他缺乏西方对这一思想观念价值合理性的思考。

(二)客观性与党性的冲突

以梁启超为例,在他流亡日本之后,对西方新闻业的认识更加深刻,他看到了日本、欧美各国报纸在宣传、选举中作为政党工具的巨大作用。在《〈清议报〉一百册祝辞并论报馆之责任及本馆之经历》中他写道:"有一人之报,有一党之报,有一国之报,有世界之报。以一人或一公司的利益为目的者,一人之报也;以一党之利益为目的者,一党之报也;以国民之利益为

---

① 梁启超:《敬告我同业诸君》,李华兴、吴嘉勋编:《梁启超选集》,上海人民出版社,1984年,第336-337页。

目的者,一国之报也;以全世界人类之利益为目的者,世界之报也。"①

　　尽管梁启超认为《清议报》居于党报和世界报之间的位置,并且他也希望该报能朝着世界报的方向前进,但是在实际的办报实践中他却很难做到,他总是将党性凌驾于客观性之上。梁启超的政治本位思想从其报纸中论说和新闻报道之间的比重就可以看得出来,其政治主张的阐述与宣传,对封建制度的抨击都主要是通过政论来实现的,新闻报道在其参与的报纸中多处于弱势地位。他在报道事实和提供意见时,往往也是以政党的立场来选择、报道与评价新闻事实,不愿意听到不同立场的声音。

　　1904 年 6 月,康有为、梁启超出巨资,狄葆贤在上海创办《时报》,由狄葆贤主持日常事务。康、梁欲把《时报》办成保皇党在内地的"机关报"。但狄葆贤却以"革新代表舆论之报纸"为己任,希望把《时报》办成一份面目全新的日报,并且不愿与康、梁的政闻社走得过近,徐勤、汤叡公然指责狄楚青为"叛党之人"。梁启超指出:"吾党费十余万金以办此报,今欲扩张党势于内地,而此报至不能为我机关,则要来何用,无怪诸人之愤愤也。"②梁启超坚决主张派徐勤前往"整顿"。后康、梁因感该报不能为其党派所控制,而收回股金,《时报》遂归狄葆贤独营。在《民报》和《新民丛报》两派之间的论战中,梁启超作为保皇派唯一的应战者,其党性思想更是体现得淋漓尽致。可以看出,在梁启超所办的报纸中,党性是居于客观性之上的。

二、作为工具与策略的客观性

(一) 作为实现政治理想工具的客观性

　　在中国早期的报人从事新闻事业的过程中,传统儒家思想中的实用理

---

① 梁启超:《清议报第一百册祝辞并论报馆之责任及本馆之经历》,《清议报》第 100 册,1901 年 12 月 21 日。复旦大学新闻系新闻史教研室编:《中国新闻史文集》,上海人民出版社,1987 年,第 53 页。

② 梁启超:《与夫子大人书》,丁文江、赵丰田:《梁启超年谱长编》,上海人民出版社,1983 年,第 432 - 433 页。

性始终对其起着支配作用,而对现实政治的关照则具体指引着其对西方新闻理念的选择和认知。从早期的王韬开始,他在考虑现代报纸的作用时就提出:"辅教化之不及也。乡里小民不知法律,子诟其父,妇谇其姑,甚或骨肉乖离,友朋相诈,诪张为幻,寡廉鲜耻,而新报得据所闻,传语遐迩,俾其知所愧悔,似亦胜于闾胥之觥挞也"①"其益于国事如此,故怀才抱德之士,有昨为主笔而今作执政者,亦有朝罢枢府而夕进报馆者,其主张国是,每与政府通声气"。② 王韬主张办报"义切尊王",以此达到"强中以攘外,诹远以师长"的目的。不管是王韬的《论日报渐行于中土》,还是梁启超的《论报馆有益于国事》,其中表达的皆是报纸之于政治的巨大作用,他们考虑的多是如何使"君恩得以下逮""民隐得以上达"。所以这一时期的报人多将报纸和政治、国事联系在一起,在他们眼中报纸是"国之利器,不可假人",是"天下之枢铃,万民之喉舌"。报纸的政治实用价值受到极大重视,现代报纸得以产生的整个社会的经济政治背景则被忽略了,以致对西方报纸在社会中的地位的描述中,出现了不少用中国的眼光看世界而带来的差误。③

　　由于政治出发点和实用理性的主导,新闻事业包括新闻事业所蕴含的各种理念诸如新闻自由、客观性、真实性等都被国人以自己的方式进行了理解,并使之服务于政治、国事等传统士人所追求的目标理想。很多报人首先把自己当作是一个以改造社会、振兴国家为己任的政治家,然后才是一个报人。在某种程度上,社会政治理想构成了早期报人新闻思想的根据,并通过与西方新闻思想的嫁接,成为他们新闻思想的重要内容。

(二)作为斗争策略的客观性

　　中国的封建社会历来重视"言禁",直到清政府的新政时期,"言禁"才逐渐放开,人民具有了创办报刊的自由权利,但其间也存在着控制与反控

---

① 王韬:《论各省城会宜设新报馆》,《申报》,1878年2月19日。
② 梁启超:《论报馆有益于国事》,李华兴、吴嘉勋编:《梁启超选集》,上海人民出版社,1984年,第24页。
③ 陈力丹:《论中国新闻学的启蒙和创立》,《现代传播》,1996年第3期。

制的不断斗争。早期的资产阶级报人,逐渐认识到办报宣传的重要性,开始在国内积极开展办报与宣传活动。在办报的过程中,与客观性相关的诸多因素诸如言论独立、报纸独立等成为早期报人争取办报权利的斗争策略。

早期报人在争取报纸独立地位的时候,指出报纸具有与政府平等的地位。梁启超在论述报刊与政府的关系时,在《敬告我同业诸君》一文中提出:"报馆者,非政府之臣属,而与政府立于平等之地位者也,不宁唯是,政府受国民之委托,是国民之雇佣也,而报馆则代表国民发公意以为公言者也。"①这时梁启超所谈到的客观性因素"地位平等""公言"是作为争取言论自由权利的策略而提出的。梁启超还提出报纸的"两大天职"说:"某以为报馆有两大天职:一曰对于政府而为其监督者,二曰对于国民而为其向导者是也。"他认为,政府没有权力不能成事,但是权力也需要制衡,受到监督,否则就会滥用职权,所以需要报纸作为"国民公意"监督政府,对"政府人民所演之近事,本国外国所发之现象,报之客观也",②这时客观性是作为争取报刊独立、合法社会地位的一种策略而存在的。除此之外,在办报的过程中,客观性也经常作为发表意见的策略而被使用。

早期报人报刊客观性思想的这些缺陷或者说局限性是由当时特定的时代背景和历史环境所造成的。早期的中国报业产生于内忧外患、国家积弱的社会背景之下,奋发图强、变革维新、反抗侵略是当时社会所迫切需要解决的问题。而正是在这一过程中,西方报刊的传入使得早期国人认识到了报刊在启蒙思想、参政议政等方面的巨大作用,这为一心报国图强的知识分子提供了一个舞台或者说是工具,同时这也十分符合传统士人立言报国的政治路径选择。报刊成为宣传政治主张、救亡图存的有效手段,因此中国早期的报刊必定是为政治理想、救亡图存等外衣所包裹,早期报人的

---

① 梁启超:《敬告我同业诸君》,复旦大学新闻系新闻史教研室编:《中国新闻史文集》,上海人民出版社,1987年,第55-56页。

② 梁启超:《敬告我同业诸君》,复旦大学新闻系新闻史教研室编:《中国新闻史文集》,上海人民出版社,1987年,第54-56页。

新闻理念也必定是为崇高的政治目标所推动,有关新闻事业的思考始终无法脱离政治理念这个核心。因此,"中国这种特有的政治文化背景,使得中国新闻事业从来就不是真正意义上的信息传播媒介,而主要是作为阶级斗争的工具出现和存在的"。[①] 另外,早期报人所接受的教育多为儒家的传统教育,深受传统道德观念的教化,"修身齐家治国平天下"的积极入世态度是当时所有先进知识分子共同的人格理想,新闻事业在其心目中只是其作为实现民族、国家利益的工具。在西方思想大量涌入的时代,早期国人的思想受到大量新思想的冲击,甚至没有充足的时间来思考,只要是对其政治目标有用,就会加以肯定、宣传。这使得其在理论逻辑上常常会陷入混乱,甚至在实践上会出现矛盾,早期国人的办报理念和办报实践已经证实了这一点。

早期报人在接触西方的报刊业和独立的办报实践中,对于客观性的认识和了解,还存在很多缺陷和不足,但是在特定的历史背景和自身认识框架下,已经是很大的进步,我们应该历史地看待。

第二节　无产阶级对于客观性思想的运用与发展

随着马克思主义的广泛传播,中国共产党在成立前后逐步展开了党报实践探索,在党报实践中建构了符合中国革命实践的新闻客观性原则,并将其发展为中国共产党革命报刊实践的重要理论成果。中国共产党的党报事业代表无产阶级立场,同时在实践中强调真实、客观地反映事实,反映中国革命实际,实现了客观性与阶级性的统一;在理论上对西方新闻客观性观念的批判则集中体现为对客观主义倾向的纠偏。在近百年的新闻事业发展历程中,中国共产党党报从理论层面到实践层面均实现了客观性与阶级性的统一、客观性与党性的统一。

在近百年的新闻事业中,中国共产党从利用报刊领导舆论工作开始到

---

① 黄旦、严慧颖:《从新闻史看新闻宣传与新闻失实》,《新闻界》,1998 年第 3 期。

初步形成党报体系,一直将客观性作为新闻实践的重要原则。中国共产党一代代新闻工作者通过艰辛探索,在实践与理论层面均实现了客观性与阶级性的统一、客观性与党性的统一。相较而言,以美国为代表的西方报刊客观性观念产生于西方的办报实践,虽然其客观性原则流传甚广,但其客观性观念掩盖了其阶级性。中国共产党从自身的办报实践以及国情出发,践行着具有中国特色的客观性报刊原则,对报刊客观性观念贡献了独特的智慧与经验。

一、中国共产党建构自身新闻客观性观念的历史必然性

晚清以来,在两次办报高潮的推动下,中国近代报业呈现蓬勃发展的景象。尤其是 19 世纪 70 年代以来,中国新闻界占主导地位的报刊大致有三个不同的源流:一是在文化思想界占主导地位的报刊,如维新派报刊、五四时期倡导新文化运动的报刊;二是政治上占主导地位的报刊,如革命党、国民党报刊及 20 世纪 20 年代兴起的中国共产党报刊;三是在传媒市场上占主导地位的资本主义商营报刊,主要包括私营为主的资本主义报刊和外资在华的报刊。①

其间,近代民营商业报刊发展迅速,无论是新闻业务、经营管理还是报人的职业化方面,都获得了较大发展,20 世纪二三十年代,以上海、南京、北京等为中心,发挥重要影响力的商业性报纸有《申报》《新闻报》《京报》《大公报》等。这些报纸的报人在职业化方面发展迅速,主要体现在近代报人职业观念与主体意识逐渐形成,这种发展是西方新闻观念大量涌入以及本土报业实践共同作用的结果。客观性观念也在此时随着各种办报观念传入我国。

在商业报刊出现以前,以美国为代表的西方处于政党报刊时期,此时报界以政论为主,注重宣传政治观点,发表评论,体现着强烈的主观色彩。西方新闻客观性观念的形成是建立在商业报刊实践基础之上的,追求不偏

① 陈昌凤:《中国新闻传播史:传播社会学视角》,清华大学出版社,2009 年,第 171 页。

不倚,事实与意见分开,以区别于党派报纸,并强调"超阶级性"。

从 19 世纪 30 年代开始,美国新闻业开启了一场便士报引领的报界革命,事实开始战胜观点,新闻开始战胜评论。在新闻写作方法上,报纸开始要求公正、平衡、不党、不偏,并以此作为区别于政党报刊的符号与标签,力图从技术上实现客观。这一时期的专业化报刊认为应该做到对规则和程序的忠诚,这时报刊的态度可以说是一个职业群体对自己职业理念与职业规范的申明与维护,此时客观性不仅是一种写作规范与操作规则,更是一种职业观念与理想。

美国政党报刊时期的办报理念与客观性是不相容的。曾有政党报刊的编辑指出:"一定不会出版一份不偏不倚的报纸""我们报纸的编辑最憎恶'中立'这种声名狼藉的原则,而对于愚蠢的'公正'计划更是毋庸讳言地鄙视"。① 商业报刊的出现打破了美国政党报刊的模式,以营利为目的的经营模式成了客观性得以产生的前提。广告商取代政党成了报刊生存的主要来源,而广告商更在乎的是传播范围与效果。商业报刊之间的激烈竞争促使报纸不断提升专业化水平,为获取更多的受众,"客观性"成为各个报刊机构认可的标准与必然选择,新闻机构的专业性逐渐增强。

美国密苏里新闻学院威廉院长于 1914 年制定的《新闻记者信条》的传入,对中国近代报人产生了很大影响。"《新闻记者信条》首次系统地提出新闻职业道德规范,是世界上最早成文的新闻职业道德规范",② 信条阐明了对于新闻记者的职业要求,包括"真实""正确而公允""独立""客观公正"等,这些构成了客观性观念的核心要素,由于契合了五四时期中国新闻职业化运动需求,《新闻记者信条》在思想、制度和实践三个层面对该时期新闻职业道德建设产生了积极的影响。③ 事实上,在西方新闻客观性观念系统传入以前,中国近代报人已经在纷繁复杂的报刊发展过程中接触并了

① 〔美〕大卫·斯隆:《美国传媒史》,刘琛等译,上海人民出版社,2010 年,第 111 页。
② 徐新平:《威廉的新闻伦理观及其对中国的影响》,《新闻大学》,2002 年第 2 期。
③ 邓绍根:《百年回望:美国〈新闻记者信条〉在华传播及其影响研究》,《新闻与传播研究》,2015 年第 10 期。

解了西方的近代报刊实践和理念，且已展开了初步的报刊实践。在此基础上，早期报人不断生发出诸如独立、平衡、公正等一些关于报刊客观性的朴素观念。

这种西方新闻客观性理念的影响首先体现在商业报纸的经营之中。商业报纸最为重视的是"企业性"，营利是其最重要目标，由此言论上标榜客观、中立，超脱于各个党派，争取最广泛的读者。比如，"洋人出钱，秀才办报"的《申报》，主张"不偏、不倚"的中立态度，在新闻业务上的理念、革新领先于同时期其他报纸。但在维新派、革命派报纸出现之际，《申报》与政治保持了相当的距离，政治上的落后导致《申报》发行量持续下降。到20世纪30年代，"九一八"事变之后，这份商业报纸也不得不回应日益鲜明的抗日主题，改变保守的政治态度，对国民党的内外政策作出报道及批评性评论。再比如，中国共产党著名新闻工作者范长江，在早期的报业实践中受到了西方客观性观念的影响，形成了其最初的职业观。在新记《大公报》担任记者期间，范长江对于媒介独立性的认知源于其供职报刊的媒介定位，而民营商业报刊《大公报》主要办报观来源于西方的职业理念，对客观性的理解更是受到西方新闻客观性的影响。范长江在西北之行后发表了大量的新闻作品，其中《动荡中的西北大局》第一次披露了西安事变的经过，《陕北之行》冲破国民党封锁，介绍了陕北革命根据地和中国共产党领导人，宣传抗日民族统一战线。范长江敢于公开真相，通过实地调研，报道真正应该让广大群众了解的事实，后因《大公报》要求其放弃拥护共产党、无条件拥护蒋介石而离开，开启了其陕北根据地的新闻宣传工作。范长江职业观的转变体现了他对客观性理念从最初的接受影响，到从中国实际出发，逐渐在客观性与阶级性的统一中重塑了自己的新闻观。

毋庸讳言，西方新闻客观性理念的传入，一定程度上推动了中国新闻事业的职业化进程。然而，任何商营报纸都无法跳脱其所处的社会体系和时代要求，所谓超脱政治的客观性的追求，是不符合实际的。西方客观性观念主要影响的是近代以来的商营报纸，但商营报纸由于本身的局限性，无法承担起反映中国革命、推动中国革命的历史任务。以毛泽东同志为主要代表的中国共产党人,在革命实践中大多参与或主导了创办党的报刊的工作,在受到资产阶级新闻知识和西方新闻观的最初影响后,随着马克思主义的广泛传播,开始逐步探索符合中国革命实践的新闻理念。中国共产党在党报实践中建构了符合中国革命实践的客观性原则,并将其发展为中国共产党革命报刊实践的重要理论成果。

二、中国共产党新闻事业中的客观性实践

中国共产党在成立以前,就非常重视报刊的作用,随着 1920 年将《新青年》由"同人杂志"改组为中国共产党在上海发起的机关刊物,中国共产党所领导的新闻事业开始成为中国共产党所领导的革命事业的重要组成部分。

党的一大决议明确提出党对出版物的领导权,要求"杂志、日刊、书籍和小册子须由中央执行委员会或临时中央执行委员会经办"。① 为加强党对各级各类报刊的领导,在 1931 年 3 月 5 日通过的《中共中央关于加强党报领导作用的决议》中,党中央要求各级党部负责同志,必须经常地负责给党报撰写文章,发表他们对于各种问题的意见、在实际工作中所遇到困难与所得到的经验。各级党部负责同志必须彻底了解,给党报撰写文章,是实际工作中的一个有机部分与最重要政治任务之一。② 在这一思想指导下,党的报刊体系逐渐建立起来,中国共产党逐步探索自身的新闻客观性理念。从中国共产党成立初期到中央苏区、延安时期直至抗战胜利后,中国共产党领导的各级各类党报,在严酷斗争环境下坚持宣传党的纲领和政策,广泛联系群众。国民党通过建立国民党控制的新闻事业网、制定限制报业发展的法律法规以及推行新闻检查制度的手段加强对新闻界的控制。"按国民党中央和国民政府的意愿,是要根除一切传播异己思想的报刊,特别是共产党的报刊,以齐一国论""当时的客观条件决定了中国只能是一个

---

① 童兵:《中国新闻学研究百年回望》,《中国社会科学报》,2018 - 12 - 25。
② 中国社会科学院新闻研究所编:《中国共产党新闻工作文件汇编》(上),新华出版社,1980 年,第 76 页。

多元化的报业结构。概言之,当时除了国民党党报之外,还有共产党和其他政党的党报、民营企业化报纸,以及外国人在华所办报纸"。① 对待民营商业报刊,国民党当局采取的是控制与扶持并举的方针,而对中国共产党主办或指导的报刊则严格禁止。随着斗争形势的发展,党的报刊体系不断在困难曲折中发展,更好地发挥了"喉舌"作用。

为增强革命报刊的影响力和号召力,团结更广泛的群众,中国共产党在领导报刊斗争的过程中,一以贯之地注重真实客观地反映事实。通过真实客观地反映事实,中国共产党领导的报刊紧密联系群众,组织和团结了群众,对革命起到了指导作用。可以说,在中国共产党的新闻事业中,客观性观念是作为一种斗争工具而存在与发展的。

随着革命的持续推进和新闻事业的深入发展,中国报界及新闻学研究者对客观性的本质展开了深入讨论,对西方新闻客观性的本质也形成了更为清楚的认识,促进了党报理论与实践的发展。1943 年 9 月 1 日,《解放日报》第 4 版《新闻通讯》专栏第 6 期发表陆定一的《我们对于新闻学的基本观点》一文,该文在延安新闻整风运动取得阶段性进展之际发表,在破立之间,完成了对无产阶级关于新闻学的基本观点的深入阐述,以及对资产阶级唯心主义新闻观的驳斥,被认为是我国无产阶级新闻学史上第一篇系统的学术论文。文章一方面阐释了"新闻的本源",提出"新闻的定义,就是新近发生的事实的报道""唯物主义的新闻工作者,必须尊重事实,无论在采访中,在编辑中,都要力求尊重客观的事实";另一方面,该文着力探讨"新闻何以真实"。文章在基本肯定资产阶级新闻学关于新闻"五要素"的基础上,强调仅以"五要素"为目标是无法保证新闻真实性的,"只有把尊重事实与革命立场结合起来,才能做个彻底的唯物主义的新闻工作者",②强调"唯物论与唯心论在新闻学理论中的一条明确的界线,就是是否主张尊重事实,而且是否在实践中真正尊重事实",只有在报刊实践中联系实际,

---

① 蔡铭泽:《中国国民党党报历史研究(1927—1949)》,团结出版社,1998 年,第 122 页。
② 张之华:《中国新闻事业史文选(公元 724 年—1995 年)》,中国人民大学出版社,1999 年,第 267 页。

联系群众,才能实现新闻的真实性。

《我们对于新闻学的基本观点》体现了唯物主义新闻观:既认识到新闻与事实的关系,阐明新闻的本质是事实,事实是独立于新闻的客观存在,又认识到新闻的阶级性。陆定一对于新闻的本质认识,可以说是对西方新闻客观性的批判与超越,同时划清了唯物主义新闻观与唯心主义新闻观的界限。在早期的党报实践中,多种新闻观念并存的媒介环境中,党的理论话语体系的建构是对党的新闻事业指导思想的总结,"丰富了和发展了我们自己的关于新闻学的实践和理论"。[①]

在西方新闻客观性观念出现以后,一些媒体常常标榜其"独立性"和"超党派性",强调新闻的绝对中立与客观。从认识论的角度来看,客观是不依赖主观而独立存在的,对主观具有决定性;但主观同时也能反映客观,并对客观具有能动作用。任何新闻作品都是新闻工作者以客观事实为基础,经过一定的技术手段,对事实进行选择、加工的结果。此时的新闻产品与客观事实并不相同,它体现了新闻工作者的立场、情感和工作态度,是体现了一定主观倾向的客观事实。作为社会关系的集合体,任何人都不可能超然于社会关系之外,这就决定了任何传播者都带有一定的立场。

从表面看来,在新闻客观性的掩护下,西方国家的新闻事业带有商业性质,以私营为主,但事实上政党、财团以及政府机构通过各种方式与新闻事业保持着千丝万缕的联系。以美国为例,新闻事业高度垄断,少数垄断公司控制着全国绝大多数的新闻传媒。在信息传播及舆论被资本所支配的局面下,新闻是为特定的阶级服务的,新闻事业从属于某一特定的阶级,所谓"超阶级的"新闻事业在西方是难以存在的。以新闻客观性为核心的西方传播理念,成了资产阶级控制舆论、维护社会制度以及巩固统治的工具。

一般意义上而言,新闻事业具有多重属性,既能够满足人们的信息需求,又可纳入社会文化事业的范畴,同时从党的新闻事业发展史来看,新闻

---

① 《陆定一文集》编辑组:《陆定一文集》,人民出版社,1992年,第323页。

事业更是一定阶级、政党及社会集团的舆论工具,"服务于政治,服务于一定的阶级,这是阶级社会中新闻事业政治属性的集中体现"。① 资产阶级曾利用新闻事业争取经济自由和政治民主权利,无产阶级在与资产阶级的斗争中也曾以新闻事业为斗争的工具,新闻事业始终是作为社会的上层建筑存在的。在现实中,超越阶级性的新闻事业是不存在的。西方传媒在发展中往往会标榜自己的"独立性"与"超党派性",但事实上其背后均受到政治团体或利益集团的操控,美国的传媒垄断正是新闻事业被少数大财团控制的结果。

中国共产党在推动无产阶级新闻事业中实现了阶级性与客观性的统一。马克思和恩格斯曾在《德意志意识形态》中指出:"统治阶级的思想在每一个时代都是占统治地位的思想,这就是说,一个阶级是社会上占统治地位的物质力量,同时也是社会上占统治地位的精神力量。支配着物质生产资料的阶级,同时也支配着精神生产的资料,因此,那些没有精神生产资料的人的思想,一般地是受统治阶级支配的。"②中国共产党的新闻事业属于无产阶级,代表无产阶级的立场。同时,党的新闻事业也必须坚持客观性的原则,党的报刊要明确立场又不能仅强调立场,"我们如果不敢强调客观的、真实的报道,只强调立场,那么我们的报道就有主观主义,有片面性"③。

三、中国共产党对西方新闻客观性观念的直接批判

中国共产党在各时期的新闻实践中始终强调真实、客观地反映事实,反映中国革命实际,实现了客观性与阶级性的统一;在理论上对西方新闻客观性的批判则集中体现为对办报实践中出现的客观主义倾向的纠偏。

---

① 郑保卫:《当代新闻理论》,新华出版社,2003 年,第 191 页。
② 〔德〕卡尔·马克思、〔德〕弗里德里希·恩格斯:《马克思恩格斯全集》(第 1 卷),人民出版社,1956 年,第 52 页。
③ 中国社会科学院新闻研究所:《中国共产党新闻工作文件汇编》(下),新华出版社,1980 年,第359 页。

　　1941 年《解放日报》创刊于延安，博古任社长，毛泽东极为关注日报的发展，并刊发了大量文章。在《解放日报》的新闻实践中，仅从版面设计来看，头版刊发国际新闻，二版刊发远东新闻，三版才是国内新闻（以国统区新闻为主），四版一分为二，一半是陕甘宁边区和抗日根据地新闻，一半是日报副刊。这样的新闻版面设计表面上符合新闻规律，体现了新闻的真实、客观、全面，但实际上并没能真正反映当时边区人民斗争和生活的实际。毛泽东很快发现存在的问题：边区广大群众 90% 是文盲，干部群众文化水平普遍不高，《解放日报》大篇幅报道国际新闻，对"远在天边"的国际新闻很有隔膜，且难以通过日报来了解"近在身边"的中国革命实践。于是，毛泽东推动了党报实践上里程碑意义的事件——《解放日报》改版。1942 年 4 月 1 日《解放日报》头版刊发由毛泽东定稿的《致读者》，该文在反思《解放日报》办报理念的不足的同时，再次强调了党性、群众性、战斗性和组织性。

　　改版后的《解放日报》面貌大为改观，与国内新闻，尤其是与边区战斗生活密切相关的新闻开始出现于报纸的重要版面，如边区劳动者吴满有登上了头版头条，群众喜闻乐见的秧歌剧《兄妹开荒》、赵树理的《李有才板话》等在《解放日报》副刊上相继刊载。《解放日报》的改版，体现了以毛泽东同志为主要代表的中国共产党人在党的新闻舆论工作中的自觉探索。中国共产党在领导风起云涌的革命过程中，不断探索新闻如何在客观、真实的基础上，真正反映中国革命的实际，反映中国最广大的受压迫的劳动人民的需要。

　　在之后党报发展的实践探索中，中国共产党对新闻客观性问题的探索一方面沿着《解放日报》改版所引发的党报理论架构而展开；另一方面开始聚焦于对"客观主义"的批判。在中国共产党的报刊话语体系中，"客观主义"是一个负面概念。1948 年 11 月 8 日某报编辑部发表检讨文章《对"全区人民团结斗争战胜各种灾害"的检讨》，文章对"客观主义"的内涵做了如下说明："客观主义的特征是喜欢把一大堆各不相属的现象，加以罗列，拜倒于自发论之前，常常是讴歌一部分落后农民和小资产阶级的情感，他们不能透过现象的表面而找到本质的内在的联系,因而他们缺乏积极的能动力量,只会坐在主流之旁对逆流浪花加以咀嚼和聒噪,屈服于客观困难之前,而没有勇气与力量去克服它。……客观主义是没有党性的,……表现在思想方法上则是片面性的。"1956 年,刘少奇在对新华社的谈话时也对客观主义进行了批评,指出"应该好的要讲,不好的也要讲。讲坏的,不是什么都讲;什么都讲,是客观主义,是有闻必录""我们的新闻报道不能超阶级,不能有客观主义";①毛泽东也曾批评说道:客观主义不对,没有报纸的意见。

对于客观性观念中诸如真实、客观、全面等特性,中国共产党在办报实践中是肯定与支持的,但对于办报中出现的客观主义倾向,则坚决予以批判。客观主义作为一种错误倾向,主要体现为对事实进行简单罗列,而又不加以正确引导的报道方式。并且这种事实以负面报道为主,是不全面的,容易让读者对事实产生错误的判断。这种客观主义倾向强调新闻报道要做到纯客观,新闻报道中不能有任何主观的立场、观点与价值观,与客观性有着本质差别。

1948 年 10 月 10 日,一篇题为《全区人民团结斗争战胜各种灾害》的新闻,对华北地区生产救灾的情况进行了报道。三天以后,中宣部发表文章,对这篇新闻报道中的客观主义倾向进行了批判:

"十月十日……发表了全区人民团结斗争战胜各种灾害的长新闻。发表这样的新闻是完全必要的,该件也有不少好的材料,但整个地说,我们以为该件有两个原则性的严重缺点。

第一,该件虽题为战胜各种灾害,并在导语中和末尾提了一些战胜灾害的话……应当说:忽视积极的鼓舞乃是我们的宣传工作中所不许可的客观主义倾向的。

---

① 中国社会科学院新闻研究所:《中国共产党新闻工作文件汇编》(下),新华出版社,1980 年,第363 页,第360 页。

第二,这种客观主义倾向更严重地表现在对于灾荒原因的分析上。……但是在他们编辑时'偶然地忘记了',但是为什么'忘记了'呢?我们以为,这只能从我们宣传工作中所存在的某种客观主义倾向来解释……"

这篇文章明确指出,该新闻报道对于灾害的报道是孤立、片面的,没有全面反映真实情况,没有看到事实之间的联系,体现的是一种"片面的真实"。这种方式表面上看是反映了解放区的事实情况,实际上是用看似客观真实的写作手法做了不客观、不真实的报道。

中宣部的这篇文章,对这篇报道所体现出的客观主义倾向进行了批评,认为客观主义是唯心的,是资产阶级新闻观。但从这一批判的本质来看,事实上是对于客观性观念所倡导的真实、客观的积极维护。为了维护新闻的真实、客观,中国共产党的新闻机构还曾经专门开展过反"客里空"运动,以纠正新闻报道失实的问题,增强党报的权威性。同时,要求党报的工作人员从客观情况的分析和要求出发,不能从主观的固定愿望出发,对于事实要真实全面地反映,不能随意夸大和歪曲,要做到客观、准确。

中国共产党的报刊思想以辩证唯物主义和历史唯物主义为理论基石,受到马克思、恩格斯新闻思想的深刻影响。马克思、恩格斯在办报过程中十分重视新闻真实性,要求新闻媒介加强报道前的调查研究工作,做到真实、全面、客观地报道事实。同时,即便在表达政治立场的时候,也需要遵守客观与公正的原则,通过"用事实说话"的方式来进行。在实践中,党报往往鲜明地表明政治立场,严格遵守党性原则,要求思想上以马克思主义为指导,政治上同党中央保持一致,接受党的领导。党性原则在内涵上是丰富的,并不仅是对党的决议、原则和纪律的服从,"党性也包括联系群众、艰苦朴素、实事求是等"。① 由此,中国共产党的新闻事业始终追求的是党性与客观性的统一。

---

① 新华社新闻研究所:《邓小平论新闻宣传》,新华出版社,1998 年,第 25 页。

在 2019 年修订的《中国新闻工作者职业道德准则》中,关于新闻的客观性问题,有如下论述:"把真实作为新闻的生命,努力到一线、到现场采访核实,坚持深入调查研究,报道做到真实、准确、全面、客观。"其实早在 1956 年,围绕新华社如何成为世界性通讯社的问题,刘少奇就已指出:"新华社的新闻就必须是客观的、真实的、公正的、全面的,同时必须是有立场的。和其他通讯社相比,尽管观点不一样,但是新闻报道是客观的、真实的、公正的、全面的,这就能在世界上建立威信。"[①]这一观点是中国共产党在党报实践中的经验总结,体现了对中国共产党对党报理论的深刻理解。中国共产党的新闻事业已有百年之久,在长期的新闻实践中,党的新闻工作者不断丰富着对新闻事业的理解,将党的新闻理论不断推向新的高度。直到今天,新闻真实性仍是一个常论常新的问题,"我们这样的大国,今天如果有谁专门收集阴暗面,每天在报上登一百条,容易得很! 如果把一百条集中到一张报纸上,可以整整覆盖四个版面,搞成一幅彻头彻尾的阴暗图画。虽然其中每一条可能都是真实的,但如果谁要说这是代表今天中国社会主义社会的整个画面,那就不真实了。当然,如果反过来硬说我们今天的社会,到处都是光明面,实在好得不得了,一点阴暗面也没有,一条缺点也没有,那也不真实",[②]中国共产党从来不讲超阶级的客观性,而是将客观性与阶级性紧密结合。中国共产党百年来的新闻实践与理论探索,对于我们发展新时代中国特色社会主义媒体仍然有重要的启示意义。

---

① 中国社会科学院新闻研究所:《中国共产党新闻工作文件汇编》(下),新华出版社,1980 年,第363 页,第 361 页。
② 胡耀邦:《关于党的新闻工作》,《红旗》,1985 年第 8 期。

附　　录

本社同人之旨趣*

报业之厄运,至今日而极矣! 军权压力,重逾万钧;言论自由,不绝一线。而全国战兴,百业俱敝,报纸营业遂亦大难。通观国中,除三数社外,大抵呻吟憔悴于权力、财力两重压之下,发发不可终日。清末以来,言论衰微,未有今日之甚者也。然察民国以来新闻事业失败之历史,其原于环境者半,原于己身者亦半。报业天职,应绝对拥护国民公共之利益,随时为国民贡献正确实用之知识,以裨益国家。业言论者,宜不媚强御,亦不阿群众。而事实上能之者几何? 况国事败坏,报纸实亦负有责任。是以特殊势力之压迫言论,固足彰少数人之罪,而不必即反映言论界之功;国民虽痛愤强权之非,而不必即谓报纸之是。一言蔽之:舆论亡矣! 国民即欲审利害、定国是,将焉赖乎? 本社同人投身报业率十余年,兹复以言论与国民相见,识浅力微,无当万一,仅举四端,聊以明志。

第一不党。党非可鄙之辞。各国皆有党,亦皆有党报。不党云者,特声明本社对于中国各党阀派系,一切无连带关系已耳。惟不党非中立之意,亦非敌视党系之谓。今者土崩瓦解,国且不国,吾人安有中立袖手之余地? 而各党系皆中国之人,吾人既不党,故原则上等视各党,纯以公民之地

* 复旦大学新闻系新闻史教研室:《中国新闻史文集》,上海人民出版社,1987 年,第 148 - 150 页。

位发表意见,此外无成见,无背景。凡其行为利于国者,吾人拥护之;其害国者,纠弹之。勉附清议之末,以彰是非之公,区区之愿,在于是矣。

第二不卖。欲言论独立,贵经济自存。故吾人声明不以言论作交易。换言之,不受一切带有政治性质之金钱补助,义不接受政治方面之入股投资是也。是以吾人之言论,或不免囿于知识及感情,而断不为金钱所左右。本社之于全国人士,除同胞关系一点外,一切等于白纸,惟愿赖社会公众之同情,使之继续成长发达而已。

第三不私。本社同人,除愿忠于报纸固有之职务外,并无私图。易言之,对于报纸并无私用,愿向全国开放,使为公众喉舌。

第四不盲。不盲者,非自朔其明,乃自勉之词。夫随声附和,是谓盲从;一知半解,是谓盲信;感情冲动,不事详求,是谓盲动;评诋激烈,昧于事实,是谓盲争。吾人诚不明,而不愿自陷于盲。

以上四者,为吾人志趣之大凡。至于注重社会经济,详论国际潮流,总期勉尽现代报纸应尽之职务,以抒其服务社会之诚。虽然,其志则然耳。当兹神州鼎沸之秋,凡我全国同业所受有形无形之压迫,吾人宁能独逃。尤痛者,法律失效,纲纪不存,而独愿发扬清议,享现代国家报界普通之权利,宁不奢乎?荆棘满地,冥夜长征,吾人惟本其良知所诏示,忍耐步趋,以求卒达于自由光明之路。各界人士,南北同业,其同情吾人而有以助之乎?不胜馨香祝之矣!

(天津《大公报》1926 年 9 月 1 日)

《大公报》一万号纪念辞[*]

本报创刊于清光绪二十八年五月十二日,即一九零二年六月十七日,以中华民国二十年五月二十二日,发行满一万号,其去三十年初度,余二十

---

* 张季鸾:《张季鸾集》,东方出版社,2011 年,第 16-19 页。

五日,同人谨于今日征文中外,以志纪念,而为之辞,辞曰:

近代中国改革之先驱者为报纸。《大公报》其一也,中国之衰,极于甲午,至庚子而濒于亡。海内志士用是发愤呼号,期自强以救国,其工具为日报与丛刊,其在北方最著名之日报为《大公报》。盖创办人英君敛之目击庚子之祸,痛国亡之无日,纠资办报,名以大公,发刊以来,直言谈论,倾动一时。入民国后,英君渐老,社务中衰。国民六七年曾经整理,营业再振,复因顿挫,至十四年冬而休刊。现在服务本社同人之接办,为民国十五年九月一日,英君创办,承庚子八国联军奇祸之后,同人续刊,则当国民革命运动勃发之时,此三十年来,中国受内忧外患猛烈之压迫,旧秩序已崩溃,新改革未成功,国民苦痛烦闷挣扎奋斗之状,实表现于社会一切方面。本报诞生成长于此时代背景之下,而前后同人复同为亲身经历甲午庚子以来之痛史者,今当纪念本报一万号之日,而回首此三十年之中国,诚感慨万端,不能自已者也!以清末壬寅前后与今日较,中国政治,经济,社会各方面,实已经重大之变迁。盖由帝制以至共和,由宪政以至党治,由筹备立宪以至国民革命,就中国论,为开创五千年来未有之新局,就世界言,亦足包括其数世纪进化之阶段。然后民国以来,其实质未变,或愈变而愈烈者,则民生愈困苦,吏治愈贪污,教育实业,俱少进境。民国十数年所增加者,徒为若干军阀买办与无数游民盗匪。盖有清末之伪立宪,而后起辛亥义师,复因北洋之伪共和,而后有国民革命。此虽近代史上之两个时期,而实一大问题之继续演进,而迄今未臻完全解决者。是以三十年来,本社前后同人之苦痛烦闷,同时即为四万万同胞共同的苦痛烦闷,今犹有待于挣扎奋斗者也。近代国家报纸负重要使命,而在改革过度时代之国家为尤重。中国有志者知其然也,故言论报国之风,自甲午后而大兴,至庚子后而极兴。然清末南北著名报纸,民国后多受厌迫而夭折,新兴报纸处高压之下,亦鲜能发展。报狱叠兴,殉者无数。其规模宏阔之报,或庇外力以营业,或藉缄兽以图周全,近十余年来,除革命机关报之非商业性质者外,求如清末报纸之慨然论天下事者,反不多见。现在同人等之投身报界也,早者始于辛亥之役,其晚者亦多逾十年以上。浪迹南北,株守徒劳。故于十五年天津反动政治最高潮之时，更毅然接办本报，再为铅刀之试，期挽狂澜之倒。岁月忽忽，又数年矣，而所谓言论报国者如何？际兹纪念，悲愧交并矣，此同人今日愿诉诸全国读者诸君者一也。

虽然，亦有可略告慰于国民者，自英君敛之创刊，以至同人接办，本社营业，始终赖本国商股，不受政治投资，不纳外人资本。同人接办之日，深感于中国独立的舆论之亟待养成，故进一步决定以微资独立经营，不为一般之募股，负责同人并相约不兼任政治上任何有酬之职务。当续刊之第一日，尝以四事昭告国人；曰不党，"纯以公民之地位，发表意见，此外无成见，无背景。凡其行为利于国者，拥护之，其害国者，纠弹之"。曰不卖："声明不以言论作交易，不受一切带有政治性质之金钱补助，且不接收政治方面之入股投资。是以吾人之言论或不免囿于智识及感情，而断不为金钱所左右，一曰不私，本社同人除愿忠于报纸固有之职务外，并无他图。易言之，对于报纸并无私用，愿向全国开放，使为公众喉舌。"曰不盲："夫随声附和，是谓盲从。一知半解，是谓盲信，感情所动，不事详求，是谓盲动，评诋激烈，昧于事实，是谓盲争。吾人诚不明，而不愿陷于盲"。以上四端，为在当时环境下所能表示之最大限，亦同人自守自励之最小限，今者检查过去，幸未背创办人之精神，得勉尽同人公开之誓约。虽然，其志是矣，其效则微。现代任何事业，无不受社会连带原则之支配，当本报续刊之日，正南北大战之时，天津在旧式军阀政治之下，全国处空前革命巨潮之中，试回首此数年间，从张褚督直，至北伐成功，从晋阎卫成，至中央讨伐，从国共混淆，至清党剿匪，从张雨亭开府北京，至东三省拥护统一；其变化之剧烈，动如南北之极端。本社同人微论智力上应接不暇，即事实上亦障碍丛起，虽依时立言，勉效清议，然亦有时不能言所欲言，或竟不免言所不欲言，其牢持断舵以与惊涛骇浪战者，惟赖其无成见，无背景，不以言论作交易，不自甘为盲从，盲信，盲动，盲争之一点精神，或足以邀天下之共谅而已。且因战事屡兴，营业损失，金价昂贵，打击尤重，而华北商业之萧条，广告发行，皆受严重影响，营业既不能充分发展，兼纸面之整理，新闻之充实，皆不能如计划以行。同人虽薄具经验，志切改良，而限于环境及能力，实未能贯彻其理想于万一！今当发行第一万号之日，纵自省志趣未衰，而无奈成绩太少。念各界之同情，感万分之悚愧！此同人今日愿诉诸全国读者诸君者又一也。

惟念中国自国民革命运动勃发以来，精神上实有显著之进步，而世界经济潮流，复迫令中国必须工业化，科学化。以政治言，必须民主化，及社会主义化，在近世中国，代表此时代潮流而率先奋斗者，首推孙中山先生，故经三十年之混争，而中国统一于其三民主义原则的指导之下，此时代的必然之事实，非无因而至者也。中国将来政制之演进，与政治人物之浮沉，诚不可预知，而有可绝对断言者，曰：一定前进，其前进之目标，必达到全民乐利进步，与国家自由平等。而为达此目标之计，国民必须更聪明，更勇敢，更廉洁，更富于智识，更有牺牲小己服务大群之决心，而更须先之以教育及宣传。故在此新时代中，报纸任务更趋于重大，而其经营方法，乃更趋于复杂及繁密。本报过去，少所成就，同人学识，尤浅陋无状，诚不足以负唤起舆论之重责。惟追念中国近代之苦痛，感于时势之所需，深愿贡献此一略有基础之小事业于全国国民之前，自今日始，更愿听全国国民之指导督责，而期其援助与合作。盖同人始终抱一理想焉，以为舆论之养成，非偶然也，必也集全国最高智识之权威，而辩论，而研究之，最后锻炼成之结晶体，始为舆论。依此舆论而行之政治及社会事业，始能不误轻重缓急，不入迷途。国家果有此等舆论，始可永免内乱，可不受障碍而迈进。夫报纸者，表现舆论之工具，其本身不得为舆论，即同人自念，其所有者，惟若干经验与常识耳。建国大业，何知何能，是惟有公开于全国国民，请求其充分指导，督责，援助，合作，敢望全国之政治家教育家各种科学之专门家，及各种产业之事业家，凡所欲言，可在本报言之，其互辩者，在本报辩之。凡在法律所许之范围以内，同人决忠实介绍，听国民为最后之批判，期以五年十年，中国将能形成真正之舆论。抑中国地广民众，交通未开，中国人不惟少知世界，且少知中国。而中国现状，百分之九十以上之人口为乡农，在今日工业幼稚之时，农为国本，而乡间状况，都会不详，是以中国革命之第一要务，为普遍调查民生疾苦而宣扬之，此固报纸天职，而力亦不逮，故必须望全国读者之努力合作,凡属真确见闻,随时不吝相告,期使本报成为全国人民生活之缩图,俾政治教育各界随时得到参考研究之资料。倘以为本报言论有谬误,或同人之志趣有疑点,以及对于报纸一般内容之不满意,凡所批评,竭诚接受,随时改进,惟力是视。此同人今日愿诉诸读者诸君者又一也。

本报于十五年续刊第一日,曾曰:"报纸天职,应绝对拥护国民公共之利益,随时为国民宣传正确实用之智识,以裨益国家,宜不媚强梁,亦不阿群众。而其最后之结论曰:吾人惟本其良知所昭示,忍耐步趋,以求卒达于光明自由之路。"今当纪念一万号之日,同人敢誓约于国民者仍如此,同人今日敬谢赐文题辞之国民政府各省市政府各局诸先生,学术文艺界诸先生,及应征批评之一般读者诸先生,而各友邦政府当局及学界报界诸先生赐文本报,以致亲善之意于中国国民者,非特同人之光荣,宜为公众所同谢。本报过去既赖政府国民各方面之拥护,得以渐臻发达,今后更愿挟全国读者之同情与援助,谨随国民之后,努力解除国家人民之苦痛烦闷,挣扎奋斗,一扫近世以来之内忧外患,以求光明自由的新中国之成功。

(天津《大公报》1931 年 5 月 22 日)

无我与无私 *

本文所讨论的是关于新闻记者的基本态度问题。现在战局这样紧要,而讨论这些事似乎太迂。不过我想,人生处变处常,本应态度无二,何况中国的抗战建国事业,是处变,也是处常。今天的报人恐怕毕生劳瘁,还尽不完责任,所以于考虑之余,依然还是定这个迂阔题目。

新闻记者于处理问题,实践职务之时,其基本态度,宜极力做到无我与无私。现在分别叙述一下,所惜时间匆促而脑力钝弱,挂一漏万,遗憾之至。

---

* 张季鸾:《张季鸾集》,东方出版社,2011 年,第 460－462 页。

何谓无我？是说在撰述或记载中，竟力将"我"撇开。根本上说：报纸是公众的，不是"我"的。当然发表主张或叙述问题，离不了"我"。但是要极力尽到客观的探讨，不要把小我夹杂在内。举浅显之例解释，譬如发表一主张，当然是为主张而主张，不上自己的名誉心或利害心，而且要力避自己的好恶爱憎，不任自己的感情支配主张。这些事，说来容易，做起来却不甚容易。

名誉心本来是好事，但容易转到虚荣。以卖名为务，往往误了报人的应尽之责。我们于民十五在天津接办《大公报》时，决定写评论不署名，也含有此意。本来报纸的言论与个人言论性质不同，而在当时，我们也有务求执笔者不使人知之意。我们的希望，是求报纸活动，不求人的活动。现在仍愿这样做。我们这种做法未必就是对，不过我们多年来确是对虚名愧惧，深恐对于报人的职责一点也尽不到，现在举例而言，也只是表示我们多年来一点迂拘的意见而已。

个人署名发表文字，也当然是常事，这是加重个人的言责。除日刊报纸外，著作家都是署名的。这样著作时，也务须撇开小我，方可为好的作家。特别感情冲动，最是误事。一己之好恶爱憎，往往不符真相，所以立言之时，要对自己切实检点，看是否为感情所误。

报人采访新闻，撰述纪事时，也是一样。在普通情形下作纪事，用不着把自己写在里面，然有时需要以自己的动作为本位，描写问题；譬如视察战线之纪事，那也要纯采客观的态度，就是一切以新闻价值为标准。譬如在一段纪事中，假若访员自己之行动或经验确值得公众注意，那么尽量描写，也是应该的。若自审自己之事，无新闻价值，那就应完全抛开。

采访纪事，也务须力避感情冲动，譬如访问一人，得到不愉快的印象，但作纪事时，仍当公正处理。此例太浅，余可类推。总之，一枝笔是公众的，不应使其受自己的好恶爱憎之影响。

无私之义，其实就是从无我推演出来的，不过为便利之计，分开说明一下。自根本上讲，报人职责，在谋人类共同福利，不正当的自私其于国家民族，也是罪恶。以中国今天论，我们抗日，绝非私于中国。假若中国是侵略者,日本是被侵略者,那么,中国报人就应当反战。现在中国受侵略,受蹂躏,所以我们抗拒敌人,这绝对是公,不是私。至于就国家以内言,更当然要以全民福利为对象。报人立言不应私于一部分人,而抹煞他部分人;更不能私于一小部分人,而忽略最大部分的人。这本是老生常谈,但实践起来却不容易。

私的最露骨者,是谋私利,这是凡束身自好的报人都能避免的。其比较不易泯绝者,是利于所好,而最难避免者,为不自觉的私见。因为一个人的交际环境,学问知识,为事实所限,本来有偏,所以尽管努力于无私,还诚恐不免有私。

彻底的无私,难矣,所以最要是努力使动机无私。报人立言,焉得无错,但只要动机无私,就可以站得住,最要戒绝者,是动机不纯。

中国人在一种意义上说,现在是处于最好的环境。这种环境下,必须要锻炼出来无数的好记者。因为我们国家以绝对正当绝对必要的理由,从事于自卫生存之战,我们报人做抗战宣传,在人间道德上绝对无愧。而我们抗战建国的纲领,就是为全民族的福利,同时也就是为全人类的福利。为报人者此时一方面忍受敌人不测的摧残,自然可以领悟到无我;一方面在绝对道德的大环境之下,做共同惟一的工作,又天然可以做得到无私。所以报人精神的高潮,这时候最易锻炼,最易养成。加以在全民族受寇祸侵凌之时,无论前方后方,无论任何部门之任何问题或任何事实,皆有极大的新闻价值。报材遍地,可以随时拾取。这种环境,实在是千载一时,我们大家若再加以不断的自己检讨,那就每一个人都可以成为新时代的好记者。人们或者问:无我无私,岂不是大政治家的风度?我可以这样答:我们报人不可妄自菲薄,报人的修养与政治家的修养实在是一样,而报人感觉之敏锐,注意之广泛或过之。我盼望也相信现时全国有志的青年记者,只要努力自修,将来一定要养成不少的担当新中国责任之政治家。

（《战时新闻工作入门》1938 年 6 月）

本社同人的声明 *

美国米苏里大学新闻学院赠本报荣誉奖章。这是赠给中国报界的第一次。本社同人以其有关我国报界全体在国际上的荣誉,故决定托中央社驻美记者卢祺新君今天在米苏里代表接受。同时中国新闻学会及重庆各报联合委员会特为此事,定于今天下午在重庆开盛大的庆祝会。

本社同人多时详审考虑之结果,以为若专就本报而言,则对于米苏里奖章根本不应接受,对于今天的庆祝会更不敢当。因为深切自省:多年来并未能善尽报人应尽的责任,尤其在抗战四年中,对国家社会甚少贡献。论冒险,断不及上海同业;论劳瘁,则不如前线报纸。至于宣扬抗战建国之大义,则不过勉随全国同业之后,同心同德,亦步亦趋,此外并无特长。事实如此,何以能独受国际的赞扬,更何敢劳同业的庆祝?

但我们最后的结论,知道此事的意义,并非这样小。我们想:今天的庆祝会,其意义应当不是庆祝本报,而是庆祝中国报界在国际上得到同情的认识,及将来在国际上可以增进与各国报界尤其美国报界的合作。照这样讲,则本社同人不但不必辞谢庆祝,并且应当参加庆祝,根据此意,谨发表下列的感想。

第一,中国报业本来历史短,规模小,国家地位又这样落后,所以国际上多年不深知我们报界情形。但我们公平论断,中国报人的精神,在许多方面断不逊于各国报人,或者还自有其特色。今天国际报学界对我们有了新的认识,这全是国家抗战四年之赐。因为抗战,国家受了重视,联带的中国报也得到国际的注意。所以我们今天参加庆祝会的人,应当一致认识,凡荣誉都应当首先归于抗战四年为国流血的全体国军将士。

何以说中国报人自有特色?中国报有一点与各国不同。就是各国的报是作为一种大的实业经营,而中国报原则上是文人论政的机关,不是实

---

* 张季鸾:《张季鸾集》,东方出版社,2011年,第365-367页。

业机关。这一点可以说中国落后，但也可以说是特长。民国以来中国报也有商业化的趋向，但程度还很浅。以本报为例，假若本报尚有渺小的价值，就是于虽按着商业经营，而仍能保持文人论政的本来面目。本社最初股本，只五万元，可谓极小。当初决定，失败关门，不招股，不受投资，不要社外任何补助，五万元刚用完，而营业收支正达平衡。就这样继续经营，自然发展。而在战前，加上劳力股，也不过仅仅成为五十万元一个小公司。我们自信，《大公报》的惟一好处，就在股本小，性质简单。没有干预言论的股东，也不受社外任何势力的支配。因此言论独立，良心泰然。而我们同人都是职业报人，毫无政治上事业上甚至名望上的野心，就是不求权，不求财，并且不求名。我们以为不求权不求财，是士人常行，容易办，不求名却不甚容易。因为办报都希望人爱读，读者越多越欢喜，名声越大越高兴，而危机也就在这里。因为一个报人若只求卖虚名，得喝彩，有时要犯严重错误，甚至贻祸国家。我们经营本报十五年，自省积极的尽责太不够，而在消极方面，则差能自守，尚无大过。我们深信，这种基本精神，凡有中国道德普通修养的人都如此自待，而我全体报人的标准，只有比我们更高。这有明证，就是在上海及其他沦陷区域的报人的勇敢！我们愿乘今天的机会，特别向全世界报人夸耀我们同业，我们敢说，在上海等处为国尽忠的中国报人，在道德上是世界第一等！这班人，当然是不求权，不求财，也并不求名，而只是尽职责。说到这里，《大公报》的人真是万分惭愧，因为我们本是天津上海的报，近年在后方或海外办报，何等容易，而上海忠良同业及在南北沦陷区作新闻工作的人何等艰难。他们生命危险自不用说了，最难是昼伏夜动，勉强工作，长期忍耐，时刻不安，就此而论，可以说他们比前线官兵更勇敢，更艰苦。迄现在为止，业已牺牲了许多可敬佩的报人的生命，而前仆后继，仍然不衰。我们愿请米苏里新闻学院及参加该学院大会的各国报人，特别注意这一点。这是中国国民的志气，也就是中国报人的精神。《大公报》不值得夸奖，而我们同业这一点精神，却值得接受荣誉而无愧！我们愿国际报界此后对中国报更有深切的认识与同情，同时祝勉全国同业，更共同努力，尽其责任。

第二,国际友谊,靠报人维持;世界文化,靠报人流通;今天为保卫人类自由,建设世界和平,尤其靠报人合作。关于此点,中国报界向来愿意尽力,现时更愿尽力。因为世界局势太不好了,现在业已有全人类数半以上陷入战争惨祸之内。就远东而言,中国受侵略业已十年,大规模抗战,业已四年。我们全版图之半,被侵略者蹂躏着,全国到处,受着轰炸,平民妇孺,天天丧失生命,而日本报纸还说这是"圣战",是"共荣",完全扯谎,毫不自省。我们因此,在新闻道德的意义上,感觉人类的悲哀。因此不能不呼吁全世界信仰正义与自由的报人,应当努力密切合作,动员全世界爱自由及受侵略的一切民族,用道德的及一切的力量,共同抵抗侵略,以救世界。今天全世界的重心是美国,中美国交,向来这样好,中美人民,互相信任,互有同情,而近时的美国舆论,业已决心毅然负起保卫人类自由的责任,对于远东的关心,与对欧洲一样。我们中国报界十分钦佩美国这个新的趋势,以为这是黑暗世界中发现了光明。因此更愿与美国报界互助合作,有所努力。中国思想是世界一家,我们爱中国,也爱世界,同时十分相信,世界前途,一定不悲观。毕竟人类要自由,要自立,毕竟正义最后胜利,问题不过在弱小国家无军事准备,或不能准备,而美国今天业已宣布愿做被侵略国家的军火库。中国报界愿代表四万万人民的公意,声明在美国人民为自由正义奋斗的过程之中,中国定能尽互助合作的责任。我们乘今天的机会,邀请美国报人及各国爱自由的报人,不嫌中国报业的落后,而与我们随时增进合作,相互传达友谊,鼓吹真理,动员人民,抵抗侵略。就《大公报》说我们尊重米苏里所给的荣誉,更要努力为自由正义而奋斗,同时相信我全国同业奋斗之勇敢,更在《大公报》之上!

最后我们愿深谢米苏里大学新闻学院对《大公报》的厚意,并深谢中国新闻学会全体会员重庆各报同人及各地中外友人对我们的勉励与指导!

（重庆《大公报》1941 年 5 月 15 日）

《舆论之母与舆论之仆》①

凡欲为国民有所尽力者,苟反抗于舆论,必不足以成事。

虽然,舆论之所在,未必为公益之所在。舆论者,寻常人所见及者也;而世界贵有豪杰,贵其能见寻常人所不及见,行寻常人所不敢行也。然则豪杰与舆论常不相容,若是豪杰不其殆乎?然古今尔许之豪杰,能烂然留功名于历史上者踵相接,则何以故?赫胥黎尝论格兰斯顿曰,"格公诚欧洲最大智力之人,虽然,公不过从国民多数之意见,利用舆论以展其智力而已"。

约翰·摩礼(英国自由党名士,格公生平第一亲交也)驳之曰,"不然,格公者,非舆论之仆,而舆论之母也。格公常言:大政治家不可不洞察时势之真相,唤起应时之舆论而指导之,以实行我政策。此实格公一生立功成业不二之法门也。盖格公每欲建一策行一事,必先造舆论,其事事假借舆论之力,固不诬也。但其所假之舆论,即其所创造者而已"。

饮冰子曰:谓格公为舆论之母也可,谓格公为舆论之仆也亦可。彼其造舆论也,非有所私利也,为国民而已。苟非以此心为鹄,则舆论必不能造成。彼母之所以能母其子,以其有母之真爱存也。母之真爱其子也,恒愿以身为子之仆,惟其尽为仆之义务,故能享为母之利权。二者相应,不容假借。豪杰之成功,岂有侥幸耶?

古来之豪杰有二种:其一,以己身为牺牲,以图人民之利益者;其二,以人民为刍狗,以遂一己之功名者。虽然,乙种之豪杰,非豪杰而民贼也。二十世纪以后,此种虎皮蒙马之豪杰,行将绝迹于天壤。故世界愈文明,则豪杰与舆论愈不能相离。然则欲为豪杰者如之何?曰,其始也,当为舆论之敌;其继也,当为舆论之母;其终也,当为舆论之仆。敌舆论者,破坏时代之事业也;母舆论者,过渡时代之事业也;仆舆论者,成立时代之事业也。非

---

① 倪琳:《近现代中国舆论研究文献选编》,上海交通大学出版社,2015年,第3页。

大勇不能为敌,非大智不能为母,非大仁不能为仆,具此三德,斯为完人。

（《新民丛报》1902 年 2 月 8 日）

《〈国风报〉叙例》①

　　夫立宪政治者,质言之则舆论政治而已。先帝知其然也,故大诰曰:"大权统于朝廷,庶政公诸舆论。"盖地方自治诸机关以及谘议局、资政院,乃至将来完全独立之国会,凡其所讨论设施,无一非舆论之返照。此事理之至易睹者,无待赘论。即政府大臣以至一切官吏,现已奉职于今日预备立宪政体之下,则无论若何强干,若何腐败,终不能显违祖训,而故与舆论相抗,此又事势所必至者也。夫舆论之足以为重于天下,固若是矣,然又非以其名为舆论而遂足贵也。盖以瞽相瞽,无补于颠仆;以狂监狂,只益其号呶;俗论、妄论之误人国,中外古今数见不鲜矣。故非舆论之可贵,而其健全之为可贵。健全之舆论,无论何种政体皆所不可缺。而立宪政体相需尤殷者,则以专制时代之舆论,不过立于辅助之地位,虽稍庞杂而不为害。立宪时代之舆论,常立于主动之地位,一有不当而影响直波及于国家耳。

　　然则健全之舆论,果以何因缘而始能发生乎? 窃尝论之,盖有五本:

　　一曰常识。常识者,谓普通学识人人所必当知者也。夫非谓一物不知而引以为耻也,又非谓穷学理之邃奥、析同异于豪芒也。然而自然界、社会界之重要现象,其原理、原则已经前人发挥尽致,为各国中流社会以上之人所尽能道者,皆须略知之。又本国及世界历史上之重大事实,与夫目前陆续发生之大问题,其因果相属之大概,皆须略知之。然后其持论乃有所凭借,自为不可胜以待敌之可胜。而不然者,则其质至脆而易破。苟利害之数,本已校然甚明,无复辩难之余地,而欲陈无根之义以自张其军,则人或折以共信之学理,或驳以反对之事例,斯倾刻成齑粉矣。此坐常识之不

---

① 倪琳:《近现代中国舆论研究文献选编》,上海交通大学出版社,2015 年,第 5-8 页。

足也。

二曰真诚。《传》曰："至诚而不动者，未之有也。不诚未有能动者也。"夫舆论者，非能以一二人而成立者也，必赖多人。而多人又非威劫势胁以结集者也，而各凭其良知之所信者而发表之。必多数人诚见如是，诚欲其如是，然后舆论乃生。故虚伪之舆论，未有能存在者也。今世诸立宪国，其国中之舆论大率有数派，常相水火。然倡之者罔不以诚。诚者何？曰：以国家利害为鹄，而不以私人利害为鹄是已。盖国家之利，本有多端，而利又恒必与害相缘，故见智见仁，权轻权重，感觉差别，异论遂生，而莫不持之有故，言之成理。若夫怀挟私计，而欲够煽舆论，利用之以供少数人之刍狗，则未有能久者也。

三曰直道。国之所贵乎有舆论者，谓其能为国家求多幅而悍御其患也。是故有不利于国民者，则去之当如鹰鹯之逐鸟雀也。然凡能为不利于国民者，则必一国中强有力之分子也。故必柔亦不茹，刚亦不吐，不侮鳏寡、不畏强御之精神，然后舆论得以发生。若平居虽有所主张，一遇威怵，则噤如寒蝉，是腹诽也，非舆论也。甚或依草附木，变其所主张者以迎合之，是妖言也，非舆论也。

四曰公心。凡人类之德智，非能完全者也。虽甚美，其中必有恶者存；虽甚恶，其中必有美者存。故必无辟于其所好恶，然后天下之真是非乃可见。若怀挟党派思想，而于党以外之言论举动，一切深文以排挤之，或自命为袒护国民，而于政府之所设施，不问是非曲直，不顾前因后果，而一惟反对之为务。此皆非以沽名，即以快意，而于舆论之性质，举无当也。

五曰节制。近儒之研究群众心理学者，谓其所积之分量愈大，则其热狂之度愈增。百犬吠声，聚蚁成雷。其涌起也若潮，其飚散也若雾。而当其热度最高之际，则其所演之幻象噩梦，往往出于提倡者意计之外，甚或与之相反，此舆论之病征也。而所以致病之由，则实由提倡者职其咎。盖不导之以真理，而惟务拨之以感情，迎合侁浅之性，故作偏至之论。作始虽简，将毕乃钜，其发之而不能收，固其所也，故节制尚焉。

以上五者，实为健全舆论所不可缺之要素，故命之曰本。而前三者则其成全之要素，后二者则其保健之要素也。夫健全舆论云者，多数人之意思结合，而有统一性、继续性者也。非多数意思结合，不足以名舆论；非统一、继续，不足以名健全。苟缺前三者，则无所恃以为结合意思之具，即稍有所结合，而断不能统一，不能有力，其究也等于无有。如是其舆论则永不能发生。舆论永不能发生，则宪政将何赖矣？苟缺后二者，则舆论未始不可以发生也。非惟可以发生，或且一时极盛大焉。然用偏心与恃客气，为道皆不可以持久，故其性质不能继续，不转瞬而灰飞烟灭，而当其盛大之时，则往往破坏秩序，横生枝节，以贻目前或他日之忧。如是，则舆论不为国家之福而反为病。舆论不为国家之福而反为病，则宪政益将何赖矣？然则今日欲求宪政之有成，亦曰务造成健全之舆论而已矣。欲造成健全之舆论，亦曰使舆论之性质具此五者而已矣。欲使舆论之性质具此五者，亦曰造舆论之人先以此五者自勉，而更以之勉国人而已矣。

夫舆论之所自出，虽不一途，而报馆则其造之机关之最有力者也。吾于是谓欲尽报馆之天职者，当具八德：

一曰忠告。忠告云者，兼对于政府、对于国民言之，无论政府或国民，苟其举动有不轨于正道，不适于时势者，皆当竭吾才以规正之，而不可有所瞻徇容默，不可有所袒庇假借，而又非喜笑怒骂吾谓也。嬉笑怒骂之言，徒使人怨毒，而不能使人劝、使人惩。且夫天下虽至正之理至重之事，而一以诙谐出之，则闻者亦仅资以为谈柄，而吾言之功用损其什八九矣。所谓不诚未有能动者也。以勤恳恻怛之意将之，法语巽言，间迭并用，非极聋聩，同当一瘳，如终不瘳，非吾罪矣。

二曰向导。向导亦兼政府、国民言之，今兹之改革政体，实迫于世界大势，有不得已者存。政府、国民虽涂饰敷衍者居大多数，然谓其绝无一毫向上欲善之心，亦太刻论也。顾虽曰有之，而不识何途之从。掖而进之，先觉之责也。斯所谓向导也。虽然，为向导者，必先自识途至熟，择途至精，然后有以导人。否则若农父告项王以左、左乃陷大泽矣。又必审所导之人现时筋力之所能逮，循渐以进，使积跬步以致千里，否则若屈子梦登天，魂中道而无杭矣。故向导之职，为报馆诸职之干，而举之也亦最难。

三曰浸润。浸润与煽动相反对。此二者皆为鼓吹舆论最有力之具。煽动之收效速,浸润之收效缓。顾收效速者,如华严楼台,弹指旋灭。收效缓者,如积壤泰华,阅世愈坚。且煽动所得,为横溢之势力,故其弊之蔓延变幻,每为煽动之人所不及防。浸润所得,为深造之势力,故其效之锡类溥施,亦每为浸润之人始愿不及。此二者之短长也。

四曰强聒。所贵乎立言者,贵其能匡俗于久敝,而虑事于未然也。夫久敝之俗,则民庶所习而安之者也。未然之事,则庸愚所惊而疑之者也。惩其所习安而劝其所惊疑,其自始格格不相入,宜也。是故立言之君子,不能以一言而遂足也,不能以人之不吾信而废然返也。反复以谏,若孝子之事父母,再三以渎,若良师之诱童蒙,久之而熟于其耳,又久之而餍于其心矣。"黾勉同心,不宜又怒",风人之旨也,"宁适不来,靡我不顾",《小雅》之意也。

五曰见大。社会之事至赜也,其应于时势之迁移,而当有事于因革损益者,不可胜举也。今之政络,其殃国病民者,比比然也,豺狼当道而问狐狸,放饭流歠而责无齿决,蔑克济矣。故君子务其大者、远者,必纲举而目始张,非谓目之可以已,而先后主从则有别矣。

六曰主一。锲而舍之,朽木不折。狐埋狐掘,效适相消。今之作者,其知悔矣。故必择术至慎,持义之坚、一以贯之,彻于终始。凡所论述,百变而不离其宗,然后入人者深,而相孚者笃也,若乃阛阓杂报,专务射利,并无宗旨,或敷衍陈言,读至终篇,不知所指,或前后数日,持论矛盾,迷于适从,此则等诸自郐,可无讥焉。

七曰旁通。吾言舆论之本,首举常识。夫常识者,非独吾有之而可以自足也。舆论之成,全恃多数人良知之判断。常识缺乏,则判断力何自生焉?必集种种资料以馈之粮,使人人得所凭借以广其益而眇其思,则进可以获攻错,而退可以助张目矣。而所馈之粮能否乐饥,是又在别择之识,非刻舟所能语也。

八曰下逮。下逮云者,非必求牧竖传诵,而灶婢能解也,吾国文字奥衍,教育未普,欲收兹效,谈何易焉!若惟此之务,必将流于猥亵,劝百讽一而已。虽然，即以士大夫论，其普通智识程度亦有限界。善牖民者。其所称道之学识不可以不加时流一等，而又不可太与之相远，如相瞽然，常先彼一跬步间，斯可矣。吾超距而前，则彼将仆于后矣。恒谨于此，斯曰下逮。若夫侈谈学理，广列异闻，自炫其博，而不顾读者之惟恐卧，此则操术最拙者也。

吾窃尝怀此理想，谓国中苟有多数报馆能谨彼五本而修此八德者，则必能造成一国健全之舆论。使上而政府大臣及一切官吏，下而有参政权之国民，皆得所相助，得所指导，而立宪政府乃有所托命，而我德宗景皇帝凭几末命所以属望于我国民者为不虚，而国家乃可以措诸长治久安，而外之有所恃以与各国争齐盟。吾念此久矣！国中先进诸报馆，其果已悉与此理想相应与否，否所不敢知，然而声期相应，德欲有邻，驽骀十驾，不敢不勉。爰与同志，共宏斯愿，自抒劳者之歌，冀备輶轩之采。十日一度，名曰《国风》。

（上海《国风报》创刊号 1910 年 2 月 20 日）

参考文献

一、著作部分

[1] 储安平:《储安平文集》,东方出版中心,1998 年。

[2] 陈玉申:《晚清报业史》,山东画报出版社,2003 年。

[3] 陈堂发:《新闻媒体与微观政治》,复旦大学出版社,2008 年。

[4] 陈卫星:《传播的观念》,人民出版社,2004 年。

[5] 杜恂成:《民族资本主义与旧中国政府(1840—1937)》,上海社会科学院出版
社,1991 年。

[6] 丁文江、赵丰田:《梁启超年谱长编》,上海人民出版社,1983 年。

[7] 戴元光:《中国传播思想史(现当代卷)》,上海交通大学出版社,2005 年。

[8] 方汉奇:《〈大公报〉百年史》,中国人民大学出版社,2004 年。

[9] 费正清:《剑桥中国晚清史 1800—1911》,中国社会科学出版社,1985 年。

[10] 复旦大学新闻系新闻史教研室:《中国新闻史文集》,上海人民出版社,1987
年。

[11] 戈公振:《中国报学史》,生活·读书·新知三联书店,2011 年。

[12] 甘惜分:《新闻论争三十年》,新华出版社,1988 年。

[13] 葛兆光:《中国思想史(三卷本)》,复旦大学出版社,2001 年。

[14] 顾长声:《从马礼逊到司徒雷登:来华新教传教士评传》,上海人民出版社,
1985 年。

[15] 郝朴宁、陈路、李丽芳等:《中国传播史论》,云南大学出版社,2005 年。

[16] 胡适:《胡适来往书信选》(下),中华书局香港分局,1983 年。

［17］胡伟希、高瑞泉、张利民：《十字街头与塔》，上海人民出版社，1991 年。

［18］胡太春：《中国近代新闻思想史》，山西人民出版社，1987 年。

［19］胡大泽：《美国的中国近现代史研究》，中国社会科学出版社，2006 年。

［20］黄旦：《传者图像：新闻专业主义的建构与消解》，复旦大学出版社，2005 年。

［21］黄瑚：《中国近代新闻法制史论》，复旦大学出版社，1999 年。

［22］金耀基：《从传统到现代》，中国人民大学出版社，1999 年。

［23］李良荣：《中国报纸文体发展概要》，福建人民出版社，1985 年。

［24］李彬：《中国新闻社会史（1815—2005）》，上海交通大学出版社，2007 年。

［25］李龙牧：《中国新闻事业史稿》，上海人民出版社，1985 年。

［26］李秀云：《中国现代新闻思想史》，中国社会科学出版社，2007 年。

［27］赖光临：《中国新闻传播史》，三民书局，1983 年。

［28］廖梅：《汪康年：从民权论到文化保守主义》，上海古籍出版社，2001 年。

［29］梁启超：《饮冰室合集·文集》，中华书局，1989 年。

［30］李华兴、吴嘉勋：《梁启超选集》，上海人民出版社，1984 年。

［31］罗荣渠：《现代化新论：世界与中国的现代化进程（增订版）》，商务印书馆，
　　　2004 年。

［32］宁树藩：《宁树藩文集》，汕头大学出版社，2003 年。

［33］彭家发：《新闻客观性原理》，三民书局，1994 年。

［34］潘伟杰：《制度、制度变迁与政府规制研究》，上海三联书店，2005 年。

［35］庞荣棣：《史量才：现代报业巨子》，上海教育出版社，1999 年。

［36］宋军：《申报的兴衰》，上海社会科学院出版社，1996 年。

［37］沈云龙：《黄远生遗著》（卷一），文海出版社，1986 年。

［38］孙晓阳：《邵飘萍》，人民日报出版社，1996 年。

［39］唐振常：《我与大公报》，复旦大学出版社，2002 年。

［40］汪康年：《汪穰卿笔记》，上海书店出版社，1997 年。

［41］汪诒年：《汪穰卿遗著》，朝华出版社，1998 年。

［42］王尔敏：《中国近代思想史论》，社会科学文献出版社，2003 年。

［43］肖东发、邓绍根：《邵飘萍新闻学论集》，北京大学新闻学研究会，2008 年。

［44］肖东发、邓绍根：《徐宝璜新闻学论集》，北京大学出版社，2008 年。

［45］熊月之：《西学东渐与晚清社会》，上海人民出版社，1994年。

［46］谢俊美：《政治制度与近代中国》，上海人民出版社，2000年。

［47］徐铸成：《报人张季鸾先生传》，生活·读书·新知三联书店，1986年。

［48］徐培汀、裘正义：《中国新闻传播学说史》，重庆出版社，1998年。

［49］薛君度，刘志琴：《近代中国社会生活与观念变迁》，中国社会科学出版社，
2001年。

［50］杨保军：《新闻活动论》，中国人民大学出版社，2006年。

［51］杨光辉、熊尚厚、吕良海等：《中国近代报刊发展概况》，新华出版社，1986年。

［52］杨豫、胡成：《历史学的思想和方法》，南京大学出版社，1999年。

［53］尹铁：《晚清铁路与晚清社会变迁研究》，经济科学出版社，2005年。

［54］章开沅、罗福惠：《比较中的审视：中国早期现代化研究》，浙江人民出版社，
1993年。

［55］张咏华：《媒介分析：传播技术神话的解读》，复旦大学出版社，2002年。

［56］张岱年、程宜山：《中国文化与文化论争》，中国人民大学出版社，1990年。

［57］张季鸾：《季鸾文存》（第一册），大公报馆，1944年。

［58］张灏：《梁启超与中国近代思想的过渡（1890—1907）》，江苏人民出版社，
1997年。

［59］张育仁：《自由的历险：中国自由主义新闻思想史》，云南人民出版社，2002
年。

［60］卓南生：《中国近代报业发展史1815—1874》（增订版），中国社会科学出版
社，2002年。

［61］郑大华：《晚清思想史》，湖南师范大学出版社，2005年。

［62］周雨：《大公报史》，江苏古籍出版社，1993年。

［63］朱国华：《权力的文化逻辑》，上海三联书店，2004年。

［64］朱英：《辛亥革命与近代中国社会变迁》，华中师范大学出版社，2001年。

［65］中国第二历史档案馆：《中华民国史档案资料汇编》，江苏古籍出版社，
1998年。

［66］中国社会科学院新闻研究所：《中国共产党新闻工作文件汇编》，新华出版社，
1980年。

［67］〔澳〕特里·纳里莫、李斯颐：《中国新闻职业化历程：观念转变与商业化过程》，《新闻研究资料》1992年第3期。

［68］〔法〕让·拉特利尔：《科学和技术对文化的挑战》，吕乃基、王卓君、林啸宇译，商务印书馆，1997年。

［69］〔法〕谢和耐：《中国社会史》，黄建华、黄迅余译，江苏人民出版社，2008年。

［70］〔加〕文森特·莫斯可：《传播：在政治和经济的张力下》，胡正荣等译，华夏出版社，2000年。

［71］〔美〕迈克尔·舒德森：《发掘新闻：美国报业的社会史》，陈昌凤、常江译，北京大学出版社，2009年。

［72］〔美〕B. A. 艾尔曼：《从理学到朴学：中华帝国晚期思想与社会变化面面观》，赵刚译，江苏人民出版社，1995年。

［73］〔美〕丹尼斯·古莱特：《靠不住的承诺：技术迁移中的价值冲突》，邾立志译，社会科学文献出版社，2004年。

［74］〔美〕赫伯特·阿特休尔：《权力的媒介》，黄煜、裘志康译，华夏出版社，1989年。

［75］〔美〕赫伯特·席勒：《大众传播与美利坚帝国》，刘晓红译，上海译文出版社，2006年。

［76］〔美〕马士：《中华帝国对外关系史》（第三卷），张汇文、姚曾廙、杨志信等译，商务印书馆，1960年。

［77］〔美〕王国斌：《转变的中国：历史变迁与欧洲经验的局限》，李伯重、连玲玲译，江苏人民出版社，2010年。

［78］〔美〕芮玛丽：《同治中兴：中国保守主义的最后抵抗（1862—1874）》，房德邻、郑师渠、郑大华等译，中国社会科学出版社，2002年。

二、论文部分

［1］陈力丹：《深刻理解"新闻客观性"》，《新闻大学》，2006年第1期。

［2］崔茜：《我国新闻客观性复兴的研究与分析》，《当代传播》，2009年第5期。

［3］董天策、谢影月：《"史家办报"思想探究》，《新闻大学》，2006年第2期。

［4］傅国涌：《"文人论政"：一个已中断的传统》，《社会科学论坛》，2003年5月。

［5］高金萍：《西方新闻客观性的陷阱与未来》，《新闻记者》，2007 年第 11 期。

［6］葛兆光：《1895 年的中国：思想史上的象征意义》，《开放时代》，2001 年第 1 期。

［7］龚新琼：《论客观性的生成逻辑与危机》，《当代传播》，2009 年第 6 期。

［8］侯迎忠、赵志明：《西方新闻专业主义初探》，《当代传播》，2003 年第 4 期。

［9］黄旦：《报刊的历史与历史的报刊》，《新闻大学》，2007 年第 1 期。

［10］胡范铸：《新闻语言客观性问题的言语行为分析》，《华东师范大学学报》（哲学社会科学版），2007 年 3 月。

［11］胡翼青、吴越：《新闻客观性的幻象与大众传播研究的源起》，《当代传播》，2010 年第 2 期。

［12］李斯颐：《清政府与清末报业高潮（1901—1911）》，《中国社会科学院院报》，2003 年 9 月。

［13］李秀云：《客观主义报道思想在中国的兴衰》，《当代传播》，2007 年第 1 期。

［14］李瞻：《报业巨星张季鸾先生》，《国际新闻界》，2010 年第 9 期。

［15］刘增合：《媒介形态与晚清公共领域研究的拓展》，《近代史研究》，2000 年第 2 期。

［16］刘惠文：《王韬、梁启超、汪康年办报活动之比较》，《新闻知识》，1991 年第 3 期。

［17］刘建明：《"有闻必录"论的起源与发展》，《新闻知识》，1996 年第 2 期。

［18］路鹏程：《言论自由、出版自由与新闻自由概念传入中国的历史考察》，《中国传媒报告》，2009 年第 4 期。

［19］陆晔：《美国新闻业"客观性法则"的历史演进》，《新闻大学》，1994 年第 1 期。

［20］宁树藩：《"有闻必录"考》，《新闻与传播研究》，1986 年第 1 期。

［21］粟多树、杨德才：《西方科技在中国近代传播的途径分析》，《科技管理研究》，2004 年第 2 期。

［22］单波：《重建新闻客观性原理》，《现代传播》，1999 年第 1 期。

［23］邵志择：《新闻客观性原则：态度和方法的悖谬》，《新闻与传播研究》，1997 年第 1 期。

［24］王鸿生：《中国近代科学技术落后原因的研究》，《中国人民大学学报》，1993

年第 2 期。

[25] 王润泽：《技术、制度与新闻的互动》,《国际新闻界》,2007 年第 11 期。

[26] 汪幼海：《〈字林西报〉与近代上海新闻事业》,《史林》,2006 年第 1 期。

[27] 吴飞：《迷思与坚守：反思新闻客观性》,《杭州师范大学学报》(社会科学版),2008 年 9 月。

[28] 许燕：《新闻报道的客观性的基本涵义辨析》,《新闻大学》,2007 年第 4 期。

[29] 谢国明：《试论新记大公报的报业机制》,《新闻大学》,1985 年第 11 期。

[30] 张洁：《新闻职业化的萌芽：重读黄远生的新闻实践与新闻思想》,《新闻大学》,2006 年第 3 期。

[31] 张昆：《媒介发展与政治文明》,《新闻大学》,2006 年第 3 期。

[32] 张仲民：《从书籍史到阅读史——关于晚清书籍史/阅读史研究的若干思考》,《史林》,2007 年第 5 期。

[33] 张夏、张静：《〈权力的媒介中〉对"客观性"的解读》,《新闻世界》,2010 年第 8 期。

[34] 赵建国：《1905—1912 年〈申报〉对革命的态度演变》,《广西社会科学》,2004 年第 8 期。

[35] 赵晓兰：《19 世纪传教士中文报刊的历史演变及其近代化进程》,《世界宗教研究》,2008 年第 1 期。

[36] 赵月枝：《为什么今天我们对西方新闻客观性失望?》,《新闻大学》,2008 年第 2 期。

[37] 赵旭东、卢晓光：《超越本土化：反思中国本土文化建构》,《社会学研究》,2001 年第 6 期。

[38] 周忍伟：《内地城市近代报刊兴起与大众传媒发展特征》,《华东理工大学学报》(社科版),2004 年第 3 期。

[39] 周叶飞：《王韬、洪仁玕新闻思想之比较》,《新闻大学》,2001 年第 4 期。

[40] Cunningham, B. "Rethinking Objective Journalism". *Columbia Journalism Review*, 2003, (7).

[41] Gaye Tuchman. "Objectivity as Strategic Ritual: An Examination of Newsmen's Notions of Objectivity". *American Journal of Sociology*. 1972, 77: 660-679.

［42］ Schudson. "The Objectivity norm in American Journalism". *Journalism*, August, 2001, Vol. 2(2), p. 150.

［43］ Streckfuss. "Objectivity in Journalism: A Search and a Reassessment". *Journalism Quarterly*, Vol. 67, No. 4 (winter, 1990), p. 973.

［44］ Westerstahl, J. "Objective news reporting: General premises". *Communication Research*, 1983, 10(3): 403 – 424.

索　引